Reformation und die Ethik der Wirtschaft

Reformation und die Ethik der Wirtschaft

herausgegeben von

Udo Di Fabio

Mohr Siebeck

Udo Di Fabio, geb. 1954, war von 1999 bis 2011 Richter am Bundesverfassungsgericht. Er ist zurzeit Professor am Institut für Öffentliches Recht an der Friedrich-Wilhelms-Universität Bonn und war von 2014 bis 2017 Vorsitzender des Wissenschaftlichen Beirats ‚Reformationsjubiläum 2017‘.

Herausgegeben im Auftrag des Wissenschaftlichen Beirats ‚Reformationsjubiläum 2017‘.

Gedruckt mit freundlicher Unterstützung der Beauftragten der Bundesregierung für Kultur und Medien.

ISBN 978-3-16-155611-1 / eISBN 978-3-16-156257-0
DOI 10.1628/978-3-16-156257-0

Die Deutsche Nationalbibliothek verzeichnet diese Publikation in der Deutschen Nationalbibliographie; detaillierte bibliographische Daten sind im Internet über *http://dnb.dnb.de* abrufbar.

© 2018 Mohr Siebeck Tübingen. www.mohrsiebeck.com

Das Buch wurde von Martin Fischer in Tübingen gesetzt, von Gulde Druck in Tübingen auf alterungsbeständiges Werkdruckpapier gedruckt und von der Buchbinderei Nädele in Nehren gebunden.

Vorwort

Das große Rad der globalen Wirtschaft dreht sich schnell und schneller. Gibt es eine Ethik der Wirtschaft oder nur die kalte Rechenhaftigkeit des heckenden Kapitals? Es ist schwer, zwischen üblichen Klischees einerseits der Festreden auf das sittliche Wurzelwerk der sozialen Marktwirtschaft und andererseits den aufgebrachten Anklagen gegen die moralische Indifferenz des Kapitalismus wissenschaftlich differenziertes Denken hörbar und sichtbar zu machen. Das aber ist umso wichtiger, als die wirtschaftlichen wie die geopolitischen Entwicklungen und Krisen allen Anlass geben, die richtigen Proportionen des westlichen Lebensentwurfs wieder zu gewinnen.

Das epochale Ereignis der 1517 eingeleiteten Reformation ist wie ein ferner Spiegel unserer Gegenwart: Denn hier gewinnt die neuzeitliche Gesellschaft einen guten Teil ihrer auch heute gültigen Signatur. Der Glaubenseifer der Reformatoren und ihre Entdeckung des subjektiv-persönlichen Zugangs zu den Quellen der Offenbarung zerstört endgültig das Mittelalter. Aus der einstmaligen Zentralität des Religiösen war ohnehin mit Ablasshandel und politischen Machtspielen längst Korruption geworden. Der Glaube brauchte eine neue Fundierung in einer sich politisch, rechtlich, kulturell und wirtschaftlich immer stärker ausdifferenzierenden Welt.

Luthers Lehre war wirtschaftlich ambivalent. Einerseits war sie – anders als es dem Calvinismus oder dem Pietismus zugeschrieben wird – kein ideelles Förderprogramm des Kapitalismus, sondern biblisch kritisch gegenüber der Logik des Zinses und der Rendite. Luthers Fixierung auf die für alle zugängliche Schrift lässt Elementarbildung wichtig werden, seine Berufsethik und sein Verständnis der zwei Regimenter fördert das Engagement in der

Welt und damit entsteht eben objektiv doch ein günstiger Nähr-
boden für formalisierte Handels- und Arbeitsbeziehungen in einer
die ständischen Traditionen allmählich überformenden Welt der
Geldwirtschaft. Aber die Spannungslage zwischen religiöser Ethik
und der Logik der Wirtschaft, die im Tausch unter fairen Wett-
bewerbsbedingungen ihre spezifische ethische Position verkör-
pert, bleibt bis in das globale Wirtschaften unserer Zeit erhalten.

Dieser kleine Band dokumentiert die Vorträge der Tagung „Reformation und Ethik der Wirtschaft". In drei Tagungen widmete
sich der Wissenschaftliche Beirat „Reformationsjubiläum 2017"
zentralen Wirkungsfeldern der Reformation. Die erste Tagung
stand unter dem Titel „Reformation und Säkularisierung" (27. bis
28. November 2015, Leitung: Dorothea Wendebourg), die zweite
Tagung unter dem Titel „Reformation und Recht" (26. bis 27. Feb-
ruar 2016, Leitung: Christoph Strohm) und die dritte hier doku-
mentierte Tagung unter dem Titel „Reformation und die Ethik
der Wirtschaft" (27. September 2016, Leitung: Udo Di Fabio). Ich
danke allen Referenten für ihre Mitwirkung und die Bereitstellung
der Texte sowie Doreen Zerbe für die redaktionelle Betreuung
dieses Bandes.

Udo Di Fabio

Inhalt

Die ökonomische Bedeutung des reformatorischen Denkens

Zur wirtschaftshistorischen Bedeutung des religiösen Wandels im 16. Jahrhundert[1]

WERNER PLUMPE

Ausgangsüberlegung

Über die ökonomische und soziale Bedeutung der Reformation stritten bereits die Zeitgenossen, auch wenn ihnen die Idee, dass die Reformation den Weg in den modernen Kapitalismus eröffnen würde, naheliegenderweise verschlossen blieb.[2] Der Streit der Zeitgenossen war, das wundert nicht, zugleich eine konfessionelle Auseinandersetzung, die die Reformation und ihre Folgen entsprechend beurteilte. Das ist noch Jahrhunderte später in Johannes Janssens mehrbändiger Geschichte des deutschen Volkes im 16. Jahrhundert zu spüren, der aus katholischer Sicht den mit der Reformation sich ausbreitenden Laxismus großer Bevölkerungsteile scharf kritisierte.[3] Im 19. Jahrhundert, mit der Durchsetzung des Kapitalismus, überwogen freilich die positiven Stimmen, die wie etwa Gustav Schmoller in seiner Dissertation, das

---

[1] Unwesentlich veränderter und mit wenigen Fußnoten versehener Vortrag, der im September 2016 in Berlin gehalten wurde.
[2] Philipp RÖSSNER, Buying Money? Monetary Origins and Afterlives of Luther's Reformation, in: History of Political Economy 48 (2016), Heft 2, S. 225–264.
[3] Johannes JANSSEN, Geschichte des deutschen Volkes seit dem Ausgang des Mittelalters, 8 Bde., Freiburg 1878–1894.

gewandelte Arbeits- und Berufsverständnis, das der modernen
wirtschaftlichen Entwicklung zu Grunde zu liegen schien, auf die
Wirkungen der religiösen Normativität namentlich Luthers zu-
rückführten.[4] Für die seinerzeitige, aber letztlich auch für die aktuelle Diskussion war dabei unhinterfragte Voraussetzung, dass
das wirtschaftliche Verhalten von Menschen maßgeblich auf moralischen Entscheidungen beruht. Die praktische Philosophie, die
Theologie, die Wirtschaftsethik gehen bis heute, ja müssen von
ihrem Selbstverständnis her davon ausgehen, dass es moralische
Regeln gibt, deren ethische Geltung unstrittig ist – und die eben
das wirtschaftliche Alltagsverhalten der Menschen bestimmen
oder zumindest beeinflussen. Läuft etwas falsch, wie etwa im Kontext der Finanz- und Wirtschaftskrise nach 2008, kann dies auf
einen Mangel an Moral bzw. einen Mangel an ethisch akzeptierten
Verhaltensregeln bzw. auf deren Nichteinhaltung durch relevante
Akteursgruppen ebenso zurückgeführt werden, wie zustimmungs-
fähige ökonomische Phänomene als Folge richtigen oder angemes-
senen Verhaltens dargestellt werden können. Ein Mehr an Moral
bzw. eine veränderte Moral erscheinen dann gerade in Krisen-
zeiten als die angemessene und notwendige Therapie. Wir kennen
das. Niklas Luhmann hat vor einiger Zeit darauf hingewiesen, derartige Diskussionen seien regelmäßig im letzten Jahrzehnt eines
Jahrhunderts zu beobachten, und zugleich davor gewarnt, sich
von einem Mehr an Moral ein Weniger an Problemen zu erhoffen.
In einem Mehr an moralischer Kommunikation sah er – mit historisch durchaus guten Gründen – lediglich ein Mehr an Kon-
flikten aufbrechen.[5] Auch das kennen wir.

   Luhmanns Moralkritik soll uns aber erst einmal nicht beschäftigen. Hier ist eher die Annahme zu problematisieren, das
(in meinem Fall) wirtschaftliche Verhalten von Menschen würde

---

[4] Gustav SCHMOLLER, Zur Geschichte der nationalökonomischen An-
sichten in Deutschland während der Reformationsperiode, in: Zeitschrift
für die gesamte Staatswissenschaft 16 (1860).
   [5] Niklas LUHMANN, Paradigm lost. Über die ethische Reflexion der
Moral, Frankfurt a. M. 1990.

individuellen Motiven folgen und Handlungsfreiheiten besitzen, die durch diese Motive bzw. adäquate Regeln gesteuert würden. Die Unterstellung lautet dann: Der Mensch habe Alternativen, könne zwischen diesen klar unterscheiden, die jeweiligen Varianten moralisch gewichten und entsprechend seine Taten und Handlungen bestimmen. Die Wirtschaftswissenschaft bestreitet das aus den bekannten Gründen zwar nicht grundsätzlich, aber grenzt doch die „Wahlfreiheiten" durch die Annahme einer autonomen Logik der Ökonomie stark ein. In diesem Konzept sorgt nicht die moralische Haltung des Individuums für das richtige Verhalten, sondern die „unsichtbare Hand" des Marktes zwingt ihrerseits das Individuum dazu, sich so zu verhalten, dass das Eigeninteresse und das Gemeininteresse im Großen und Ganzen in Eins fallen. Gibt es hier eine normative Komponente, so besteht sie in der Aufforderung an die Politik, die Regeln des Marktes zu garantieren, damit er seine Arbeit tun kann.[6]

Ob diese Annahmen allerdings empirisch zutreffend sind, wird zumeist gar nicht geprüft, sondern letztlich unterstellt. Es zählt vielmehr zu den großen Folgen der reformatorischen Debatten und ihrer sozialwissenschaftlichen Aufbereitung, dass sich zumindest in großen Teilen der europäischen Welt die Auffassung durchgesetzt hat, zwischen protestantischer Ethik und kapitalistischem Geist, so die brillante Titelgebung von Max Weber, bestehe ein mehr als trivialer Zusammenhang.[7] Seit dem ersten Erscheinen von Webers Aufsatz kurz nach der Wende zum 20. Jahrhundert tobt hierum zwar eine intensive Debatte, und es kann heute als sicher angenommen werden, dass Webers Thesen empirisch über-

---

[6] Werner PLUMPE, Die Geburt des „Homo oeconomicus". Historische Überlegungen zur Entstehung und Bedeutung des Handlungsmodells der modernen Wirtschaft, in: Wolfgang Reinhard / Justin Stagl (Hrsg.), Märkte und Menschen. Studien zur historischen Wirtschaftsanthropologie, Wien 2007, S. 319–352.

[7] Beispielhaft Jere COHEN, Protestantism and Capitalism. The Mechanics of Influence, New York 2002.

aus angreifbar sind[8], doch gerade in ihrem Kern, der unterstellten Beziehung von Handlungsmotiven und Handlungsfolgen, sind sie nicht wirklich in Frage gestellt worden.[9] Das mag dazu beigetragen haben, dass die Debatte stets wieder aufflammt und fast unlösbar erscheint. Denn es ist einerseits empirisch einfach nicht zwingend zu zeigen, dass eine bestimmte Religiosität, allgemeiner: Handlungsmoral und wirtschaftlicher Handlungserfolg bzw. -misserfolg ursächlich miteinander verknüpft sind; es gibt andererseits aber zahllose Beispiele gerade für diesen Zusammenhang.[10] Es lohnt sich daher, hier einmal aus wirtschaftshistorischer Sicht nachzufassen. Denn es kann ja durchaus sein, dass auf diese Weise eine ältere Vorstellung von der Sündhaftigkeit des Menschen in unsere modernen Vorstellungen eingeschleust wurde – eine Vorstellung, die freilich in ihrer Bedeutung nur klar wird, wenn man den Kontext der Knappheitswelt kennt, in der sie entstanden ist.

Worum geht es?

In den reformatorischen Diskursen spielen ökonomische Fragen eine nachgeordnete Rolle; Weber hat das klar gesehen.[11] Weder Luther noch Calvin, hier ist Joseph Schumpeter zu folgen, spielen in der Geschichte des ökonomischen Denkens eine erwähnenswerte

---

[8] Eine überaus scharfe Kritik findet sich bei Heinz STEINERT, Max Webers unwiderlegbare Fehlkonstruktionen. Die protestantische Ethik und der Geist des Kapitalismus, Frankfurt a. M. 2010.

[9] Vgl. Constans SEYFARTH / Walter M. SPRONDEL (Hrsg.), Seminar: Religion und gesellschaftliche Entwicklung. Studien zur Protestantismus-Kapitalismus-These Max Webers, Frankfurt a. M. 1973. Vgl. auch Peter GHOSH, A Historian reads Max Weber. Essays on the Protestant Ethic, Wiesbaden 2008.

[10] Wolfgang REINHARD, Lebensformen Europas. Eine historische Kulturanthropologie, München 2004.

[11] Max WEBER, Die protestantische Ethik und der Geist des Kapitalismus, in: Max Weber, Gesammelte Aufsätze zur Religionssoziologie, Tübingen 1920, S. 1–206.

Rolle.[12] Wenn auf die wirtschaftliche Bedeutung der Reformation geblickt wird, geht es um die nicht intendierten Folgen religiöser Handlungsnormierung, und hier seien es eben die bestimmten Spielarten des Protestantismus verbundene innerweltliche Askese einerseits, die Aufwertung des Berufsgedankens andererseits gewesen, die Veränderungen in den Alltagsverhaltensweisen der Menschen nahegelegt bzw. prämiert hätten, die sich nicht nur als religiös geboten, sondern im Laufe der Zeit eben auch und gerade als wirtschaftlich erfolgreich gezeigt hätten. Im Laufe der Jahrhunderte seien die religiösen Handlungsimpulse verblasst, eine selbstdisziplinierte Lebensführung daher vor allem als ökonomisch vorteilhaft begriffen worden (Benjamin Franklin), bis sich schließlich das gesamte wirtschaftliche Leben so verändert habe, dass Handlungsfreiheit nicht mehr existiere: Der leichte Mantel des Asketen, den man zu älteren Zeiten noch habe wählen können, sei für uns – Webers Diagnose dient ja vor allem dem Verständnis der kapitalistischen Welt um 1900 – zum „stahlharten Gehäuse" geworden, das uns ohne Ausweg eine Rationalität aufzwingt, die den Kern der Moderne bestimmt.[13] Nimmt man Weber ernst, so ist die moderne Gesellschaft gerade in ihrer rationalen Leistungsorientierung und den damit verbundenen marktvermittelten Zwängen kristalline religiöse Normativität!

Auch hier arbeitete die reformatorische Welt vor. Mit der Frage konfrontiert, wie das ökonomische Alltagsverhalten normativ zu bewerten sei, plädierten sowohl Luther[14] als auch die spanische

---

[12] Joseph A. SCHUMPETER, Geschichte der ökonomischen Analyse, nach dem Manuskript hrsg. von Elisabeth B. Schumpeter, 2 Teilbde., Göttingen 1964. Beide tauchen bei Schumpeter faktisch nicht auf.

[13] Zu Webers Position ausführlich Wolfgang SCHLUCHTER, Die Entwicklung des okzidentalen Rationalismus. Eine Analyse von Max Webers Gesellschaftsgeschichte, Tübingen 1979.

[14] Martin LUTHER, Von Kaufmannshandlung und Wucher (1524), in: Luther Deutsch. Die Werke Martin Luthers in neuer Auswahl für die Gegenwart hrsg. von Kurt Aland, Bd. 7, Stuttgart 1967, S. 263–283.

Spätscholastik[15] für freie Märkte, deren Existenz durch Fehlver-
halten ihnen gerade in Frage gestellt schien. Ehrliches Kaufmanns-
verhalten hingegen sorgte für funktionierende, freie Märkte und
damit auch für eine Preisbildung, die sich religiös rechtfertigen
ließ. Monopole, Wucher und Betrug waren hingegen nicht zu
rechtfertigen, wohl aber ein angemessener Gewinn. Der „gerechte
Preis", so die Überzeugung von Luis Molina u. a., sei eben der Preis,
der sich am Markt frei bilden könne, für dessen Bestimmung nicht
einseitige Vorteilsnahme, Monopolbildung oder Betrug, sondern
der freie, nicht diskriminierende Austausch untereinander aus-
schlaggebend sei, eine Auffassung, der Martin Luther sich ohne
weiteres hätte anschließen können. Dabei ist interessant, wieso es
überhaupt zu derartigen Überlegungen kam. Das 16. Jahrhundert
war von heftigen Preisbewegungen gekennzeichnet, es war zugleich eine Zeit, als auch Kaufleute noch um ihr Seelenheil be-
sorgt waren, und in der Beichte nach Rat suchten, wie sie sich in
der unruhigen Welt richtig verhalten sollten. In diesem Rahmen
waren christliche Hinweise notwendig, und sowohl die spanische
Spätscholastik als auch Martin Luther in seinen Schriften zum
Kaufmannshandeln standen nicht an, hier Ratschläge zu geben,
deren Kern auf eine moderne Markttheorie hinauslief. Askese und
Berufsfleiß einerseits, Orientierung an freien Märkten andererseits – das, so könnte man es zugespitzt sagen, war die positive
Botschaft der nebenher keineswegs nur protestantischen religiösen
Debatten des 16. Jahrhunderts.[16]

Doch beschränkt sich hierauf die Bedeutung der religiösen
Gesichtspunkte keineswegs, ist doch hiermit nur deren „positive"
Seite angesprochen. Denn galten Askese und Fleiß als religiös ge-
botenes Verhalten, das allein die Möglichkeit göttlicher Gnade
versprach, so war damit ja implizit auch die Frage gestellt, was mit

---

[15] Joseph HÖFFNER, Wirtschaftsethik und Monopole im 15. und 16. Jahrhundert, Jena 1941.
[16] Zum Zusammenhang Wolf-Hagen KRAUTH, Wirtschaftsstruktur und
Semantik. Wissenssoziologische Studien zum wirtschaftlichen Denken in
Deutschland zwischen dem 13. und dem 17. Jahrhundert, Berlin 1984.

denjenigen passierte, die sich nicht entsprechend verhielten. Und das war, wie zu allen Zeiten wohl anzunehmen ist, durchaus die große Mehrheit der Bevölkerung, für deren prekäre Alltagsexistenz freilich Gesichtspunkte religiöser Normativität im positiven Sinne ohnehin eine nachgeordnete Rolle spielten, da die Zwänge der Knappheitsbewältigung die Verhaltensmöglichkeiten maßgeblich bestimmten. Für diese Bevölkerungsgruppen, deren Anzahl sich im 17. und 18. Jahrhundert stark vermehrte, hatten die reformatorischen Diskurse erhebliche Folgen, die mit dem Begriff der „Sozialdisziplinierung" angedeutet seien.[17] Denn mit der Durchsetzung der reformatorischen Normativität verschwand oder wurde zumindest all das deutlich reduziert, was früher den Umgang mit der Armut bestimmt hatte, eine Entwicklung, die sich bereits im 15. Jahrhundert angedeutet hatte, weil im wirtschaftlichen Aufschwung des Jahrhunderts nach den großen Pestzügen die Arbeitskräfte knapp waren und Faulheit und Arbeitsverweigerung das Problem nur weiter verschärften. An die Stelle von Fürsorge und Toleranz namentlich gegenüber dem verbreiteten Bettelwesen trat spätestens nach der Reformation ein hartes Durchgreifen der zumeist kommunalen Obrigkeiten gegenüber Faulheit und Devianz bzw. eine entsprechende Aufwertung der Arbeitspflicht, der sich niemand entziehen sollte. Luther 1526: „Leute, die weder wehren noch nähren, sondern nur zehren, faulenzen und müßig gehen können, sollte der Fürst im Lande nicht leiden, sondern aus dem Lande jagen oder zur Arbeit anhalten, gleichwie die Bienen tun. Die stechen die Hummeln weg, welche nicht arbeiten und den anderen Bienen ihren Honig auffressen."[18]

Askese, Berufsgedanke, marktadäquates Handeln, Sozialdisziplinierung – so ließen sich die ökonomisch relevanten semantischen Gehalte der religiösen Debatten der Zeit grob und hier

---

[17] Gerhard OESTREICH, Strukturprobleme des europäischen Absolutismus, in: VSWG 55 (1969), S. 329–347.

[18] Martin LUTHER, in: Luther Deutsch, Ergänzungsband III: Luther-Lexikon, hrsg. von Kurt Aland, Stuttgart 1957, S. 98 f.

natürlich verkürzt zusammenfassen[19], deren praktische Bedeutung bei Weber und Diskussionspartnern einfach unterstellt wurde, weil man sich die Entstehung der modernen Wirtschaft nur als Folge einer Handlungsvariation vorstellen konnte. Und da um 1900 herum die meisten erfolgreichen Unternehmer vermeintlich protestantisch geprägt waren, lag der Schluss nahe, dass deren Verhalten, auch wenn es sich nicht mehr explizit hierauf bezog, doch eine Folge der reformatorischen Normativität war. Das bestritt niemand, auch wenn Werner Sombart noch weitere Faktoren anführte, die den ausschlaggebenden Verhaltenswandel bedingt haben sollten. Aber dass es ein neuer Geist war, der das Neue in die Welt gebracht hatte, das war zu offensichtlich, um es überhaupt zu problematisieren.[20]

Stimmt das denn überhaupt?

Die empirische Kritik hat zwar in den vergangenen Jahrzehnten die Frage der Bedeutung moralischer Regeln für das Alltagsverhalten nicht gestellt, doch ist sie mit den Thesen Max Webers wenig zimperlich gewesen.[21] Und im Lichte dieser Kritik können auch die Grundannahmen von der Bedeutung der Moral zum Thema werden. Zunächst ist heute offensichtlich, dass kein klarer Zusammenhang zwischen religiöser Normativität und wirtschaftlichem Erfolg existierte, zumal die vermeintliche Kausalität einfach umgedreht werden kann: In den wirtschaftlich ohnehin dynamischeren Regionen setzte sich der Protestantismus leichter durch, eine für den Protestantismus weniger angenehme, aber immerhin mögliche

---

[19] Siehe die Zusammenstellung von einschlägigen zeitgenössischen Texten bei Paul Münch (Hrsg.), Ordnung, Fleiß und Sparsamkeit. Texte und Dokumente zur Entstehung der „bürgerlichen Tugenden", München 1984.

[20] Werner Sombart, Der Bourgeois. Zur Geistesgeschichte des modernen Wirtschaftsmenschen, München und Leipzig 1913.

[21] Hartmut Lehmann, Max Webers Protestantische Ethik. Beiträge aus der Sicht eines Historikers, Göttingen 1996.

Annahme.[22] Sodann waren nicht nur Protestanten wirtschaftlich
erfolgreich; gerade für das erste kapitalistische Land der Welt, die
Niederlande, trifft die Annahme gar nicht zu. Die Generalstaaten
waren religiös tolerant, die tonangebenden calvinistischen Kreise
im Übrigen keineswegs Befürworter des wirtschaftlichen Auf-
stieges, den sie vielmehr als Abfall von Gottes Willen interpre-
tierten.[23] Auch für den britischen Fall ist ernsthaft und mit guten
Argumenten bestritten worden, die frühe Unternehmerschaft sei
durch die protestantischen Sekten maßgeblich geprägt worden.[24]
Es waren keineswegs religiöse Virtuosen, die die ersten Fabriken
gründeten oder den Welthandel organisierten. Schon frühzeitig
wurde zudem bemerkt, dass Webers Quellen über die normativen
Vorstellungen der protestantischen Sekten Textkompilationen der
Mitte des 19. Jahrhunderts entnommen waren, deren Entstehung
weniger mit der Welt des 16. und 17. Jahrhunderts als mit religiösen Streitereien des 19. Jahrhunderts zu tun hatte und die insofern
die religiöse Normativität der Zeit gar nicht unbedingt spiegelten.
Webers Hauptquelle habe sich zudem gar nicht an das wirtschaftlich aktive Bürgertum gerichtet.[25] Derartige Einwände ließen sich
weiter fortführen, zumal die Bedeutung der Reformation für die
Masse des Volkes von Weber überhaupt nicht thematisiert wurde. Der Vorwurf des Laxismus war ja nicht nur katholische Pro-
paganda, sondern eben auch Hintergrund der harten Maßnahmen
zur Sozialdisziplinierung, auf die zurückzukommen sein wird.
Schließlich ist es durchaus verständlich, dass angesichts der ökonomischen und sozialen Realität des 16. Jahrhunderts der Konsum
in den reformatorischen Texten eine nur geringe Rolle spielt, doch

---

[22] Wolfgang REINHARD, Lebensformen Europas. Eine historische Kulturanthropologie, München 2004.

[23] Siehe dazu Simon SCHAMA, Überfluß und schöner Schein. Zur Kultur
der Niederlande im Goldenen Zeitalter, München 1988.

[24] Richard GRASSBY, The Idea of Capitalism before the Industrial Revolution, Lanham 1999.

[25] Hans-Christoph SCHRÖDER, Max Weber und der Puritanismus, in:
Geschichte und Gesellschaft 21 (1995), S. 459–478.

lässt sich dadurch die Tatsache, dass Webers These allein mit dem
Unternehmerverhalten und der asketischen Lebensführung argumentiert, dadurch gerade nicht rechtfertigen. Für die moderne
Wirtschaft ist Konsum überaus wichtig, für dessen Entfaltung seit
dem 17. Jahrhundert war die „protestantische Ethik" aber eher
hinderlich. Der amerikanische Kulturhistoriker Simon Schama hat
in seiner klassischen Darstellung der Geschichte der Niederlande
im 17. Jahrhundert „Überfluß und schöner Schein" die geradezu
entsetzten Reaktionen der calvinistischen Geistlichkeit auf den
Wohlstand in den Niederlanden, deren stete Angst vor Unter-
gang und Katastrophe als Strafe für das Wohlleben facettenreich
geschildert.[26] Auch in den lutherisch bestimmten Debatten in
Deutschland findet sich durchweg eine latente „Konsumfeindlich-
keit", deren Bedeutung bis heute nicht wirklich erforscht ist. Sicher
ist nur, dass sich die ökonomischen Alltagspraktiken kaum oder
wenig nach religiösen Vorschriften richteten, sondern nach realen
Gelegenheiten und wirtschaftlichen Handlungschancen.[27]

Schließlich zeigt die Debatte um die Bienenfabel des Bernard
Mandeville auch die Grenzen der reformierten Normativität,
die sich eben von älteren Vorstellungen nicht gelöst hatte und
damit die sich abzeichnende neue ökonomische Situation weitgehend verfehlte bzw. ablehnte. Mandeville argumentierte Anfang
des 18. Jahrhunderts in einem modernen Sinne, dass es nicht auf
die Intention der Handlungen, sondern auf deren ökonomische
Bedeutung ankomme. Werde ökonomisches Handeln, das aus
welchen Gründen auch immer erfolge, gefördert, dann komme
es zu positiven wirtschaftlichen Folgen; ja selbst unmoralisches
Handeln könne sich so in allgemeine Vorteile verwandeln: Private Vices / Public Benefits. Strikte Moralvorstellungen, wie sie
die anglikanische Hochkirche vertrat, erscheinen bei Mandeville
geradezu als ökonomische Katastrophe, dessen Argument, der

---

[26] Schama, Überfluß (wie Anm. 23).
[27] Ausführliche Hinweise jetzt bei Frank Trentmann, Empire of
Things. How We Became a World of Consumers from the 15th Century
to the 21st, London 2016.

Wohlstand eines Landes verdanke sich der staatlich organisierten Selbstsucht seiner Bewohner (private vices, public benefits),
auf starke kirchliche Kritik stieß, die die Stabilität des Ganzen
von der individuellen Gottgefälligkeit abhängig machte, während
Mandeville im womöglich sogar kriminellen Eigeninteresse der
Menschen den Kern ihrer Geschäftigkeit sah. Mandeville wies die
über ihn hereinbrechende kirchliche Kritik mit zumeist empiri-
schen Hinweisen auf den Zustand der Welt zurück, gestand aber
immerhin zu, dass eine starke Obrigkeit notwendig sei, um dem
ungezügelten Treiben mehr oder weniger selbstverliebter Akteure
einen Rahmen zu geben.[28] Aber das entscheidende Argument war
in der Welt, dass es eben nicht auf Moral, sondern auf Reziprozität
und Kreislaufhaftigkeit ankomme, der ökonomische Erfolg mithin
von den jeweiligen Handlungsmotiven der Beteiligten unabhängig
sei. Adam Smith hat diesen Gedanken bekanntlich in der „unsicht-
baren Hand" generalisiert, eine für viele protestantische Kritiker
des Liberalismus fast gotteslästerliche Vorstellung, Gott und den
Markt faktisch in eins zu setzen. Und das Verfolgen von Leidenschaften verlor in diesem Kontext seinen sündigen Stachel, da es
gerade die Reziprozität war, die unberechenbare Leidenschaften
in berechtigte Interessen verwandelte. Albert O. Hirschman hat
das eindrücklich gezeigt. Damit, mit dem Interessenbegriff, war
der normative Kontext der reformatorischen Theologie definitiv
verlassen.[29]

Aber dennoch

Gleichwohl – und das zu Recht – hat die Kritik an den Weber'schen
Thesen diese nie zum Schweigen gebracht. Die Bedeutung der reli-

---

[28] Bernard MANDEVILLE, Die Bienenfabel oder private Laster / öffentliche Vorteile, hrsg. und eingeleitet von Walter Euchner, Frankfurt a. M.
1968.
[29] Albert O. HIRSCHMAN, Leidenschaften und Interessen. Politische
Begründungen des Kapitalismus vor seinem Sieg, Frankfurt a. M. 1980.

giösen Debatten der Zeit liegt zwar sicher nicht in einer Umstellung von Verhaltensweisen, zumindest nicht in einer empirisch zufriedenstellend aufzeigbaren. Auch konzeptionell ist die Vorstellung, individuelles Verhalten richte sich nach normativen Modellen, bestenfalls hochabstrakt vorstellbar, praktisch indes ausgeschlossen, da keine entsprechenden Kausalketten in mehr als anekdotischer Evidenz empirisch gezeigt werden können. Der Fehler besteht denn auch genau hier, in der Unterstellung, individuelles Verhalten lasse sich in statistisch ausreichender Fülle rational aufklären und mit bestimmten normativen Vorgaben erklären. Eine solche Annahme wird der Komplexität gesellschaftlichen Wandels nicht gerecht, die vielmehr ein Mehr-Ebenen-Phänomen ist, in dem Semantiken, institutionelle Regelungen und Alltagspraktiken einerseits autonome, andererseits miteinander verflochtene Bedeutung besitzen.[30] Aber deshalb ist der mit der Reformation verbundene semantische Wandel keinesfalls bedeutungslos. Seine Bedeutung wird lediglich in einer falschen kausalen Verknüpfung unsichtbar gemacht. Will man die Bedeutung des Wandels der religiösen Semantik in diesem Komplex tatsächlich aufklären, so hat man ihn zunächst als innerreligiöse Veränderung zu begreifen, deren Bedeutung für die Welt nicht leicht zu fassen ist. Sie ist für die Alltagswelt durchaus nicht trivial, aber dürfte dort eher eine Art begleitende Rolle ihrer Rationalisierung spielen. Zumindest richtete sich das Alltagsverhalten der Masse der Menschen zumeist nach den überhaupt vorhandenen Chancen und Handlungsgelegenheiten, die sich keineswegs einfachen moralischen Schemata unterziehen ließen, sondern situatives Reagieren verlangten, das in aller Regel erst im Nachhinein mit den für geltend erachteten Redeweisen kommodiert wurde. Die Gewissensvorstellung im modernen Sinne, also das Gefühl, etwas falsch gemacht zu haben und das zu bereuen, kam in dieser Zeit, das hat Heinz D. Kitt-

---

[30] Werner PLUMPE, Ökonomisches Denken und wirtschaftliche Entwicklung. Zum Zusammenhang von Wirtschaftsgeschichte und historischer Semantik der Ökonomie, in: Jahrbuch für Wirtschaftsgeschichte 2009, Heft 1, S. 27–52.

steiner vor längerer Zeit gezeigt, auf, indizierte aber vor allem eben „schlechtes Gewissen", und das keineswegs als Massenphänomen.[31] Die unmittelbare Bedeutung der religiösen Semantik für das alltägliche Handeln lässt sich so nicht zeigen, immerhin aber die Verunsicherung einzelner Menschen über das richtige Verhalten in einer unsicher gewordenen Welt. Auch gibt es Hinweise, dass zumindest ein Teil der in der Schule von Salamanca diskutierten Themen auf eine sich vor diesem Hintergrund ändernde Beichtpraxis reagierte; viele Gläubige wussten einfach nicht, wie mit den realen Problemen der Zeit umzugehen war, ohne gegen Gottes Gebote zu verstoßen, und baten daher ihre Beichtväter um Hilfe, die selber nicht wussten, was bei rascher Geldentwertung denn nun ein gerechter Preis sein konnte.[32] Aber das sind punktuelle Hinweise. Es ist nicht möglich, hieraus allgemeingültige sozialhistorische Schlüsse zu ziehen, zumal es an gegenteiligen Beispielen keinerlei Mangel gibt. Auf Johannes Janssen und seine vielen Beispiele der Gottlosigkeit und der Verkommenheit ist bereits hingewiesen worden, und auch die neuere sozialhistorische Literatur bestätigt, ohne freilich die Gründe in der Reformation zu suchen, die verbreitete Devianz, die sich vor allem dem Bevölkerungszuwachs und der verbreiteten Unterbeschäftigung verdankte. Nein, die Bedeutung des semantischen Wandels liegt von einzelnen Fällen abgesehen nicht im Bereich der Direktion von Alltagsverhaltensweisen, sondern ihre historische Bedeutung entfaltete sie im Bereich der Institutionenbegründung.

Und hier lässt sich in der Tat ein tiefgreifender Wandel erkennen, der nicht einmal von der Reformation ausging, aber von ihr wesentlich geprägt wurde. Aufgrund einer Fülle von Faktoren

---

[31] Heinz D. KITTSTEINER, Die Entstehung des modernen Gewissens, Frankfurt a. M. / Leipzig 1991.

[32] Siehe Joseph HÖFFNER, Wirtschaftsethik und Monopole im 15. und 16. Jahrhundert, Jena 1941. Die Beichtpraxis war schon zu früheren Zeiten ein diesbezüglicher Katalysator; vgl. Jacques LEGOFF, Wucherzins und Höllenqualen. Ökonomie und Religion im Mittelalter, Stuttgart 2008, zuerst 1988.

zerbrach seit dem 15. Jahrhundert die ältere institutionelle Ordnung, ohne dass klar war, nach welchen Gesichtspunkten sich neue
institutionelle Regeln begründen ließen. Die älteren christlichen
Vorstellungen taugten nur begrenzt, hatten sie doch die unter Anpassungsdruck kommende Ordnung erst begründet. Der Rückgriff auf antike Beispiele gelingender Ordnung lag da nahe, aber
auch die Religion war gefordert, ihren Beitrag bei der Etablierung
der sich langsam zeigenden Strukturen moderner Staatlichkeit
zu leisten. Jedenfalls waren jetzt lange Zeit völlig außerhalb der
Diskussion stehende Leitvorstellungen plötzlich eben nicht mehr
selbstverständlich. Das war kein einfacher Prozess, wie sich etwa
an der Frage des „Gemeinwohls" als institutionenbegründende
Leitvorstellung sehr genau zeigen ließe, war doch in dieser Zeit
gar nicht mehr klar, wie „Gemeinwohl" überhaupt herzustellen
war.[33] Ist „Gemeinwohl" die Folge richtigen Individualverhaltens,
also eine Art Aggregat moralischer Korrektheit? Oder ist es, wie
Leonhard Fronsperger schon Mitte des 16. Jahrhunderts vermutete,
doch wohl eher der Eigennutzen, der die Welt auf Trab hält und
in summa zum Gemeinwohl führt?[34] All das führte dazu, dass
sich im 16. und 17. Jahrhundert die Frage intensiv stellte, nach
welchen Regeln und Gesichtspunkten sich die neuen Gegebenheiten (Welthandel, Teuerung, Bevölkerungsanstieg, Entstehung
des modernen Staates, Alltagshandeln) institutionell fassen ließen.
Hier nun spielten die angesprochenen religiösen Semantiken eine
keineswegs eindeutige, alles in allem aber doch maßgebliche Rolle,
weil gegen sie eine dauerhafte institutionelle Gestaltung der Welt
kaum möglich war. Am klarsten und eindeutigsten und auch am
einflussreichsten waren die neuen kirchlichen Lehren im Bereich
der Armenversorgung und der Fürsorge. Mochte der einzelne

---

[33] Siehe die Beiträge in: Herfried MÜNKLER / Karsten FISCHER (Hrsg.),
Gemeinwohl und Gemeinsinn. Rhetoriken und Perspektiven sozialmoralischer Orientierung, Berlin 2002.
[34] Winfried SCHULZE, Vom Gemeinnutz zum Eigennutz. Über den
Normwandel in der ständischen Gesellschaft der Frühen Neuzeit, München 1987.

arme Mensch, aus welchen Gründen auch immer, zu Devianz und
Bettelei neigen, oder sich durch harte Arbeit und enthaltsame
Lebensweise irgendwie durchschlagen; aus der Sicht der religiösen
Semantik war das „Sichgehenlassen" arbeitsfähiger Menschen nicht
hinnehmbar, seine Tolerierung nicht nur falsch, sondern geradezu
unchristlich. Hilflose und kranke Menschen sollten, wenn auch
karge, aber durchaus Unterstützung finden. Wer arbeiten konnte, dies aber nicht tat, hatte hingegen mit harten Sanktionen zu
rechnen, die nicht nur aus finanzieller Hinsicht geboten, sondern
geradezu eine religiöse Pflicht waren. Beispiele hierfür lassen sich
zahlreich finden, und zwar keineswegs nur in protestantischen
Gebieten, wenn auch hier verstärkt, weil mit der Reformation zumeist unmittelbar eine Neufassung des Armenwesens verbunden
war. Diese Neufassung war wegen der Aufhebung der Klöster und
der Beschränkung des kirchlichen Eigentums, aus dem heraus
bisher die Armenunterstützung geleistet worden war, zwingend
notwendig – und die Frage stellte sich in den Kommunen, wie die
neue Form der Armenunterstützung aussehen sollte.[35] Armut war
in reformatorischer Sicht nunmehr kein gottgefälliger Zustand, ja
geradezu Heilsanlass mehr, weil entsprechende Spenden den Heils-
status verbessern konnten, sondern ein zu vermeidendes Übel,
das kommunale Steuermittel erforderte, die arbeitsunwilligen und
fremden Personen auf keinen Fall zukommen sollten. Kommunale
Fiskalinteressen und religiöse Vorstellung von der Gottgefälligkeit
fleißiger Arbeit gingen Hand in Hand. Es ist keineswegs zufällig
Großbritannien das Land, in dem das Arbeitshaus im 16. Jahrhundert erfunden wurde, nachdem die zuvor breite kirchliche In-
frastruktur zur Versorgung der Armen unter Heinrich VIII. umfas-
send zerschlagen worden war. Auch für Luther waren milde Gaben
eine christliche Pflicht, sofern sie wirklich bedürftigen Menschen
zukamen; alle anderen hatten kaum auf Mitleid zu hoffen. Das
„Arbeitshaus" schließlich in vielen, vor allem den protestantischen

---

[35] Paul MÜNCH, Lebensformen in der frühen Neuzeit, Frankfurt a.M.
1992.

Teilen Europas mit seiner Mischung aus Arbeitszwang, harter Disziplin, Kargheit und religiöser Unterweisung kann geradezu als institutionalisierte Religiosität betrachtet werden.[36]

Im Gegensatz zum Arbeitszwang waren die weiteren institutionellen Spuren reformatorischer Normativität keineswegs so eindeutig und klar zu fassen. Die Vorstellungen vom richtigen Verhalten ehrbarer Kaufleute sind bereits genannt, doch waren die meisten Texte keineswegs optimistisch, dass die Menschen sich an diese Vorschriften halten würden. Ein freier Markt, der seine Teilnehmer zu reziproker Ehrlichkeit erzogen hätte, lag noch außerhalb des Denkens der Zeit, zumal eben die Reformatoren den Menschen nicht zugetraut hätten, dessen Regeln zu akzeptieren. Zwar schlossen die etwa aus der Schule von Salamanca oder aus Luthers Überlegungen zum Wucher hervorgehenden Konzeptionen die normative Begründung freier Märkte, deren Funktionsfähigkeit im Zweifelsfall durch die Obrigkeit mit Macht durchgesetzt werden sollte, keineswegs aus. Aber es war klar, dass es ohne hartes Durchgreifen der Obrigkeit nicht gehen würde. Zugespitzt könnte man sagen, dass Luther hier mit seinen Forderungen gegen Wucher und Monopole ein durchaus wortmächtiger Befürworter einer Ordnungspolitik im gegenwärtigen Sinne war. Vertrauen in die Moral der Marktteilnehmer besaßen er und seine protestantischen Nachfolger gleichwohl nicht. Vielmehr traten sie für harte Auflagen für das individuelle Verhalten der Menschen ein. Entsprechende obrigkeitliche Vorschriften des richtigen Verhaltens, sog. Polizeiordnungen, lassen sich seit dem 16. und verstärkt im 17. Jahrhundert nachweisen und standen in zahlreichen deutschen Territorien noch im 18. Jahrhundert in einer seltsamen Scheinblüte, auch wenn sich erkennbar immer weniger Menschen an diese zum Teil weitgehenden Kleidungs- und Konsumvorschriften hielten.[37] Angesichts geänderter ökonomischer

---

[36] Thomas Sokoll, Art. „Arbeitshaus", in: Enzyklopädie der Neuzeit 1, Stuttgart 2005, Sp. 539–542.
[37] Hierzu vgl. Trentmann, Empire of Things (wie Anm. 27), Kap. I.

Alltagspraktiken verloren nicht nur diese Vorschriften an Geltung, auch die sonstigen Einschränkungen etwa gewerblicher Tätigkeit wurden angesichts neuer Handlungschancen immer weniger beachtet. Nicht zum Nachteil der Nachwelt, denn nur seine Ignoranz gegenüber den Vorschriften für das Schneiderhandwerk ließ Goethes Großvater zu einem wohlhabenden Mann werden, ohne dessen Vermögen die Stellung seines Sohnes, vor allem aber die Karriere seines Enkels nicht vorstellbar gewesen wären.

Freie Marktbildungen blieben ohnehin die Ausnahme, und zwar die im Kontext der religiösen Normativität in der Regel bekämpfte Ausnahme. Auf die Kritik des niederländischen Calvinismus am wirtschaftlichen Verhalten der Menschen in den weitgehend liberalen großen Städten des Landes wurde bereits hingewiesen. Auch lutherische Beobachter der Zustände etwa in Amsterdam schlugen in der Regel die Hände über dem Kopf zusammen.[38] Die Vorstellung, ein am individuellen Vorteil orientiertes Marktverhalten könne tolerabel, ja sinnvoll sein, war allen größeren christlichen Denominationen im Grunde völlig fremd. Eine Institutionenbildung, die vom individuellen Vorteilsstreben ausging oder dieses sogar begünstigte, stieß auf scharfe Kritik. Dabei konnte sich die Kritik vor allem auf Luther stützen, der dem freien Handeln der Menschen wegen der tiefverwurzelten Habsucht misstraute.[39] Hier war er ganz traditionell; eine Vorstellung davon, welche Bedeutung Reichtumsbildung gesamtwirtschaftlich, etwa unter dem Gesichtspunkt der Ermöglichung von Investitionen, haben könnte, besaß er im Gegensatz im Übrigen zum Calvinismus, in dem die produktive Verwendung von Reichtum religiöse Pflicht war, nicht; ökonomisches Denken in unserem heutigen Sinne lag Luther zweifellos fern. Gegen Reichtum hatte Luther nichts einzuwenden,

---

[38] Ernst BAASCH, Der Kaufmann in der deutschen Romanliteratur des 18. Jahrhunderts, Berlin 1928 (Sonderdruck aus der Gedächtnisschrift für Georg von Below).
[39] Ricardo RIETH, „Habgier" bei Martin Luther. Ökonomisches und theologisches Denken, Tradition und soziale Wirklichkeit im Zeitalter der Reformation, Weimar 1996.

doch sah er in ihm weniger das ökonomische Potential als die moralische Gefährdung, wie es in einem Predigttext aus den frühen 1530er Jahren heißt: „Christus will nicht, daß man kein Geld und Gut haben und nehmen soll oder, wenn mans hat, es wegwerfen solle, wie etliche Narren unter den Philosophen und tolle Heilige unter den Christen gelehrt und getan haben. Denn er läßts wohl geschehen, daß du reich seiest, aber die Liebe will er nicht daran gehängt haben."[40]

Sieht man die Bedeutung der Reformation hier, also im Bereich der semantischen Begleitung des institutionellen Wandels, so ist ihre Bedeutung in der Tat kaum zu überschätzen, aber eben gerade keineswegs eindeutig. In der reformatorischen Programmatik finden sich Momente, die auf den späteren Kapitalismus, oder besser, die moderne Wirtschaft hinweisen, namentlich die Vorstellung von Berufsfleiß und Arbeitsdisziplin. Andere Vorstellungen hingegen deuten keineswegs in die Richtung der modernen Welt, namentlich die Verdammung des individuellen Vorteilsstrebens und des Konsums sowie das verbreitete Misstrauen in die Fähigkeit des Menschen, Gottes Gebote zu achten und entsprechend zu handeln. Hier liegt vielleicht Webers größte Blindheit, der die moderne Wirtschaft für ein Elitenprojekt hielt, an dem allein das Verhalten der Oberschicht interessant war, während die „kleinen Leute" zu vernachlässigen waren bzw. bestenfalls als geschurigelte Arbeitskräfte interessant waren. Dass der Übergang zur modernen Wirtschaft aber sehr viel mit der Zunahme von Konsumchancen gerade dieser „kleinen Leute" zu tun hatte, darauf legt die wirtschaftshistorische Forschung seit den 1980er Jahren den größten Wert.[41] Nicht nur liegt in der Zunahme des Konsums die Voraussetzung und Bedingung von dauerhaften Marktbildungen und der erfolgreichen Etablierung industrieller Massenproduktion; der Konsum war auch ein bedeutender, wenn nicht der bedeutendste Faktor im Prozess der „Sozialdisziplinierung". Denn das aus der

---

[40] Martin LUTHER in: Luther-Lexikon (wie Anm. 18), S. 128.
[41] TRENTMANN, Empire of Things (wie Anm. 27), S. 74.

Gegenwart ja durchaus bekannte Phänomen der Verkoppelung von Arbeitsleistung und Konsumchancen lässt sich bereits im 18. Jahrhundert in den Niederlanden und Großbritannien gut beobachten, wenn auch keineswegs in der kausalen Eindeutigkeit, die Jan de Vries dieser „Industrious Revolution" geben möchte.[42] Die tatsächliche Arbeitszeit stieg nicht allein wegen des Rückgangs der Feiertage, da war übrigens die Bedeutung der Reformation ganz eindeutig, sondern sicher wegen einer zunehmenden Bereitschaft der Menschen, mehr zu arbeiten, um Geld für Konsumgüter zu verdienen. Und das gilt keineswegs nur für die Mittelschichten und die Arbeiterschaft. Selbst bei den Unterschichten, Armen und Vagabunden finden sich derartige Phänomene in großer Fülle.[43] Das reformatorische Denken hingegen war normativ nicht dazu in der Lage, sei es aus religiöser Selbstfestlegung, sei es aus den Zeitumständen des 16. Jahrhunderts heraus, sich eine moderne Konsumwelt auch nur vorzustellen. Es war noch ganz im älteren Knappheitshorizont befangen und konnte sich eine Welt des wirtschaftlichen Wachstums und des Massenkonsums weder praktisch vorstellen noch überhaupt moralisch fassen. Nicht zuletzt deshalb ist Webers These vom Zusammenhang zwischen protestantischer Ethik und kapitalistischem Geist so faszinierend wie einseitig zugleich, lässt er doch die Masse der Menschen völlig außer Betracht, denen die Reformation außer Zwang und harten Geboten wenig zu bieten hatte. Als Elitenprojekt ist der Kapitalismus, die institutionalisierte Verknüpfung von Massenproduktion und Massenkonsum, aber gar nicht vorstellbar. Hier liegen die Grenzen Max Webers, die aber bereits die Grenzen jener Texte waren, auf die er sich bezog. Und hier liegt ein weiterer Punkt, auf den hinzuweisen jüngst Ludger Wössmann unternommen hat. In den Augen der Münchener Wirtschaftsforscher liegt die größte ökonomische Folge der Reformation nicht in der Änderung des ökonomischen

---

[42] Jan DE VRIES, The Industrious Revolution. Consumer Behaviour and the Household Economy, 1650 to the Present, Cambridge 2008.

[43] Beverly LEMIRE, The Business of Everyday Life. Gender, Practice and Social Politics in England, c. 1600–1900, Manchester 2012.

Verhaltens, sondern in ihren Auswirkungen auf die Bildung des
Volkes. Hier, so deren Befunde, lassen sich die Wirkungen der
Reformation sogar quantitativ fassen und zu der These verdichten,
dass der mit der Reformation verbundene Bildungsschub eine wesentliche Bedingung der ökonomischen Modernisierung wurde.[44]

Eine kurze Bemerkung zum Schluss, die noch einmal auf
Luhmann zurückgeht, der ja vor einem Zuviel an Moral gewarnt
hatte. In der Tat funktioniert die moderne Wirtschaft alles in allem
recht zufriedenstellend, weil sie von den Motiven absieht, die zu
ökonomischem Handeln führen, und sie auf eigeninteressiertes
Tauschverhalten reduziert, an dem allein der jeweilige Geldwert
interessiert. Die sich hieraus ergebende implizite Normativität
des Marktes, die das Individuum gerade von jeder Rechtfertigung
entlastet, war im reformatorischen Denken nicht vorstellbar, ja
sündig. Die religiöse Weltsicht hat so gesehen den Wandel zur
Moderne, den sie einerseits begünstigte, andererseits bekämpft
und tut das ja auch heute noch, ohne sich immer ausreichend
klar zu machen, dass es erst jene moderne Wirtschaft ist, die den
Einzelnen den Klauen einer Knappheitswelt entrissen hat. Im Kern
ist die Knappheitsbewältigungssemantik mit der modernen Wirtschaft gesellschaftstheoretisch so obsolet geworden, wie sie als individuelle Klugheitslehre bis in die Gegenwart überdauern konnte.

---

[44] Sascha O. BECKER, Ludger WÖSSMANN, Was Weber wrong? A Human
capital Theory of Protestant Economic History, in: Quarterly Journal of
Economics 124 (2009), Heft 2, S. 531–596.

Die Katholische Soziallehre und die Herausforderung der Freiheit[1]

Reinhard Kardinal Marx

Meine sehr verehrten Damen und Herren,

vielen Dank für die Einladung. Vielen Dank auch für den brillanten historischen Einstieg von Professor Plumpe, der mir sehr gefallen hat. Denn es ist tatsächlich eine Herausforderung, aus den Motiven, aus religiösen Begriffen, aus bestimmten Umständen, Kausalitäten hervorzuheben, ohne ihnen etwas zu unterstellen, was möglicherweise gar nicht da ist. Das beschäftigt mich auch schon viele Jahre. Natürlich sind wir gerade als Kirche oft darauf ausgerichtet, genau zu sagen, was wir alles bewirkt haben mit unseren Ideen. Und gelegentlich ernüchtert uns dann auch die empirische Forschung. Aber das heißt nicht, dass wir verzichten sollten zu predigen und unsere Ideen einzubringen, die auch Resonanz finden und zu Diskussionen beitragen, wenn auch vielleicht nicht immer mit dem Wirkungsgrad, den wir uns erhoffen. Ohne Diskussionen und ohne Diskurse wird es in einer offenen Gesellschaft nicht zu Entscheidungen kommen oder zur Korrektur von Institutionen. Denn jedes Gesetz, das erlassen wird, jegliche Welthandelsabkommen sind neue Institutionen, die auch Wirkung entfalten – beabsichtigte und unbeabsichtigte.

---

[1] Der Vortrag wurde frei gehalten. Für die Drucklegung ist die Abschrift geringfügig überarbeitet; der Stil des gesprochenen Wortes wurde weitgehend beibehalten und auf Anmerkungen wird verzichtet.

Als ich mich ein wenig vertieft habe in das Thema der Tagung und meines Vortrags, war ich unsicher, was ich eigentlich sagen soll. Auf der einen Seite geht es um die Katholische Soziallehre. Und dann soll ein großer Bogen geschlagen werden zur Reformation, zur Geschichte. Was hat die Kirche, was hat die Katholische Soziallehre überhaupt beigetragen? Kann man sie auf die letzten 125 Jahre beschränken? Natürlich nicht. Auf der anderen Seite ist sie gerade in diesem Zeitraum noch einmal verdichtet worden in einer lehrmäßigen Weise, die der Protestantismus so nicht kennt.

Ich versuche in diesem Bogen kreisend auf das Thema einzugehen, sozusagen in einem Essay, konzentriert auf Freiheit und Verantwortung. Um diese Begriffe kreist im Grunde auch die Frage, wie wir Wirtschaft in der Zukunft zu gestalten haben, wie wir Gesellschaft zu gestalten haben. Mir hat das gefallen, was Professor Plumpe im Blick auf Max Weber gesagt hat: Es geht hier nicht um eine kleine Bereichsethik, in der wir durchdeklinieren, was aktuell in der Wirtschaft gefragt ist und spezielle Ethiken dafür anbieten.

Zwar muss man ethische Fragen auch auf bestimmte Entscheidungen herunterbrechen, die getroffen werden müssen nach bestimmten Kategorien – ob sie gut oder böse sind, falsch oder wahr oder schlecht –, aber diese Fragestellung ist eingebettet in den größeren Zusammenhang: Wie wollen wir leben? Was bedeuten Freiheit und Verantwortung? Verantwortung vor wem: vor meinem Gewissen, vor dem Jüngsten Gericht, vor meiner Familie, vor meiner Umgebung, in der ich lebe, vor meinem Volk, vor der Geschichte? Das muss man dann eben genau anschauen. Ohne diese Perspektiven der Verantwortung bleibt die Freiheit auch leer, hat sie keine Bedeutung, wird sie zur Beliebigkeit, zu dem, was man dann nennt: Jeder kann das tun, was ihm nützt. Keiner lebt so. Nein, es wurde eben gesagt, manche leben doch so, aber tendenziell möchten viele nicht so leben. Mein Thema ist also: Die Katholische Soziallehre und die Herausforderung der Freiheit.

1. Die Katholische Soziallehre
als Teil der Verkündigung des Evangeliums

Für die katholische Kirche ist die Soziallehre, wie sie sich seit 125 Jahren auf der Ebene päpstlicher Verlautbarungen entwickelt hat, ein Teil der Verkündigung, ein Teil des Lehramtes. Das heißt, hier tritt – so beschreibe ich es einmal – eine Religionsgemeinschaft auf und sagt, wir haben etwas Verbindliches zu sagen zu Wirtschaft, Politik und Gesellschaft, zu normativen Ansprüchen. Vor 125 Jahren erschien die Enzyklika *Rerum Novarum*, für manche ein Paukenschlag, eine Überraschung. Leo XIII. äußert sich in dieser Enzyklika ausführlich zur Arbeiterfrage. Was hat die Kirche damit zu tun? Natürlich war im Vorfeld vor allem in Deutschland, aber auch in Italien und Belgien eine Sozialbewegung entstanden. Die Namen sind bekannt, wie etwa der von Wilhelm Emanuel von Ketteler oder von Adolph Kolping. Letzterer nicht so sehr, weil er ein besonders reflektierter Sozialethiker war, sondern weil er eine Sozialbewegung in Gang setzte. Auch Ordensgemeinschaften haben auf den Zusammenbruch der feudalen Welt, die Industrialisierung sowie die Proletarisierung reagiert. Und deswegen war das (offensichtlich zum ersten Mal eben in der Geschichte) ein Vorläufer für das Bedürfnis eines Papstes, zu diesen Umwälzungen – wir könnten auch sagen, zur Entstehung des Kapitalismus in diesem umfassenden Sinne, damals Liberalismus genannt – eine ethische Weisung zu geben.

Das ist ungewöhnlich genug. Jetzt kann man dies natürlich empirisch prüfen: Welche Auswirkungen hat das gehabt und wie ist das diskutiert worden? Das lasse ich hier einmal beiseite, das sollen die Historiker tun. Auf das kirchliche Leben hat es zumindest, im Sinne der Sozialbewegung, aber auch im Sinne der Inspiration der Politik, starke Auswirkungen gehabt. Dass die Katholische Soziallehre auf der lehramtlichen Ebene, die nicht das ganze Feld der Sozialethik umfasst, eine breite Geschichte entfaltet, ist unbestritten.

Rerum Novarum und die Arbeiterfrage sind der Anfang. Dann geht es weiter mit der Enzyklika *Quadragesimo Anno* und in der

Folge bis hin zu Johannes Paul II., zu Benedikt XVI. und zu Papst
Franziskus; *Laudato Si* wurde bereits erwähnt. Man kann in dieser Sozialverkündigung einen roten Faden feststellen: Freiheits-
kritisch war sie, allemal freiheitsdistanziert. Das große Thema der
Freiheit, wie es durch die Aufklärung, durch die moderne Welt,
in Gang kam, galt eher als eine Bedrohung und als eine Gefährdung dessen, was im Menschen steckt. Wenn auch die katholische
Tradition die Freiheit vielleicht nicht so stark als gefährlich ansieht
wie manche protestantische Traditionen – weil der Mensch eben
doch nicht ganz verdorben ist und seine Vernunft in der Lage ist,
zwischen Gut und Böse zu unterscheiden, zwischen Falsch und
Richtig, also zur Sittlichkeit fähig, – muss man doch sagen, dass
die Freiheit eher skeptisch gesehen wurde.

Umso erstaunter war ich, als wenige Monate vor dem Tod Johannes Paul II. im Jahr 2005 sein letztes Buch erschien, in dem er
sich auch zu diesem Thema äußert. Er hatte es nicht mehr selbst
geschrieben, aber es enthielt letzte Äußerungen von ihm, gebün-
delt unter dem Titel *Erinnerung und Identität*. Und darin schreibt
Johannes Paul II. in einem Beitrag, der wohl etwas älter war, auch
über die Katholische Soziallehre. Das hat mich sehr erstaunt, weil
er dort schreibt: Was ist der rote Faden der Soziallehre der Kirche?
Der rote Faden ist die Freiheit. Das hat mich als ehemaligen Professor der Katholischen Soziallehre überrascht, denn wir waren eigentlich eher darauf festgelegt, von der Gerechtigkeit auszugehen,
von der Personalität. Aber Johannes Paul II. betont die Freiheit. Er
begründet es damit, dass die Freiheit der Kern der Personenwürde
des Menschen ist. Freiheit und Verantwortung gehören zusammen. Die Fähigkeit des Menschen, sich in Freiheit für das Gute
zu entscheiden, für das Richtige zu entscheiden, sich zu binden,
ist der Kern auch der Soziallehre der Kirche. Und das hat auch
Benedikt XVI. in seiner Enzyklika *Caritas in Veritate* gesagt.

Die Soziallehre der Kirche auf der Ebene der Konzilien und
Päpste, wie sie dann auch global wahrgenommen wird, ist immer
in einen geschichtlichen Kontext eingebunden. Einzelaussagen
können nicht einfach aus diesem Kontext gelöst werden. Das

gilt hier eben auch und deswegen muss man prüfen: Gibt es ein Wechselverhältnis mit der geschichtlichen Situation? Natürlich sind da die Umbrüche der Zeit, die Proletarisierung weiter Kreise, die Zerschlagung der feudalen alten Welt, einschließlich der feudalen Kirche, und eine neue Mobilität, ein Suchen danach, wie eine neue Struktur, eine neue Institution entstehen könnte. Gerade das 19. Jahrhundert gehört fraglos zu den spannenden Jahrhunderten der Geschichte. Ebenso wie das 16. Jahrhundert. Das sind Jahrhunderte, in denen man spürt: Hier ballt sich etwas zusammen und hier kommt Neues in Gang. Das 21. Jahrhundert wird vielleicht auch dazugehören, aber wir stehen hier noch am Anfang.

Ein roter Faden in der Katholischen Soziallehre ist auch die Kritik des Kapitalismus (des Liberalismus) und des Kommunismus. Auch wenn es vor 125 Jahren noch keinen Kommunismus gab, waren dazu gedankliche Ansätze vorhanden. Gegen beide Richtungen wird argumentiert als Lösung für die sozialen Fragen, und zwar in sehr grundsätzlicher Weise naturrechtlich, weil beide Ideologien, so die Auffassung der Soziallehre, den Menschen in seiner Würde entwerten. Das gilt für die Arbeit des Menschen. Das gilt für das Eigentum des Menschen. Ich kann das hier nur kurz andeuten. Es ist ja interessant, dass *Rerum Novarum* mit einer großen Verteidigung des Eigentums beginnt, gegen den Sozialismus, der behauptet, das Eigentum sei das Problem. Und Leo XIII. argumentiert dagegen: Das Eigentum ist nicht das Problem, das Eigentum ist Grundlage der Freiheit. Hier kommt der Gedanke der Freiheit hinein, zurückgeführt auf Thomas von Aquin und die große Tradition der abendländischen Philosophie: Wie soll jemand frei sein, wenn er kein Eigentum hat? Dann ist er abhängig. Abhängig sein beeinträchtigt die Würde des Menschen, seine personale Entfaltung. Natürlich hat sich Leo XIII. den heutigen Wohlstand nicht vorstellen können. Er hat gedacht, jeder Arbeiter solle doch zumindest ein kleines Haus haben, eine kleine Landwirtschaft. Das waren die konkreten Vorstellungen, wenn man ihn gefragt hätte. Wenn man heute ein Interview mit Leo XIII. führen könnte, wäre das möglicherweise seine Idee.

Aber es ist eben verbunden mit der Idee der Freiheit, was auch im Kapitalismus vorkommt.

Im Kommunismus, der von der Problematik des Eigentums ausgeht und meint, Eigentum sei Diebstahl, ist das anders gewichtet. Und selbstverständlich auch im Kapitalismus, der die Arbeit des Menschen entwertet und zur Ware macht. Wo sich sogar Katholische Soziallehre (*Rerum Novarum*) und Marxismus von Ferne berühren, ist die Ware Arbeit. Dagegen geht man vor und sagt, wenn der Mensch seine Arbeitskraft als einziges hat und sie wie eine Ware verkaufen muss zu einem Preis, der auf einem Niveau liegt, dass der Arbeiter verhungert (das sage ich mal etwas drastisch), dann ist das sittlich nicht akzeptabel. Wie man das regelt, darüber hat die Soziallehre vielleicht noch keine Äußerung machen können, aber daraus entwickelt sich dann eben der Gedanke der Solidarität und der Subsidiarität.

Dies geht durch die gesamte Soziallehre der Kirche hindurch und die Auseinandersetzungen darüber reichen bis in unsere Zeit. Vor 25 Jahren hat Johannes Paul II. *Centesimus Annus* geschrieben, die Enzyklika, die auf das hundertjährige Bestehen von *Rerum Novarum* hinweist und an der Schwelle der Zeit nach 1989 steht. Bei dieser Enzyklika sagten mir dann zum ersten Mal einige Ökonomen: Jetzt habe der Papst oder die Soziallehre der Kirche die Marktwirtschaft verstanden, akzeptiert und auch durchgearbeitet. Darüber kann man streiten, denn nie war die Kirche in ihrer Soziallehre gegen Märkte, sondern immer nur gegen eine Auffassung, Märkte seien sozusagen das Lebensprinzip der Gesellschaft. *Quadragesimo Anno* schreibt über den Wettbewerb: Der Wettbewerb ist ein Instrument, aber nicht das Lebenszentrum der Gesellschaft und hat nicht alle gesellschaftliche Tätigkeit zu umfassen. Das ist eine banale Erkenntnis, die aber scheinbar nicht in allen Köpfen angekommen ist. Daran wird erinnert und es macht *Centesimus Annus* aus, dass noch einmal sehr gründlich über eine Rezeption auch dessen nachgedacht wird, was wir in Deutschland Ordoliberalismus nennen würden; was ja nicht dasselbe ist wie die Soziale Marktwirtschaft, aber diese stark inspiriert hat.

Die ganzen Auseinandersetzungen in den fünfziger, sechziger Jahren darüber, was Soziale Marktwirtschaft ist, können Sie auch in der Soziallehre der Kirche nachverfolgen, in den verschiedenen Diskussionen etwa mit Oswald von Nell-Breuning und anderen, die immer einen gewissen kritischen Punkt ausgemacht haben, auch beim Ordoliberalismus: Es bleibt doch immer Liberalismus. Ich habe den alten Pater Nell-Breuning noch kennengelernt, der das auch durchaus meinte, aber verstanden hatte, dass diese institutionell eingebundenen Märkte eine starke produktive Kraft sind, auf die man nicht verzichten kann und darf. Aber ohne institutionelle Rahmenbedingungen und ohne eine Tugendethik, die auch die Verhaltensrichtlinien auf dem Markt mit beeinflussen, ist das Konzept nicht tragbar.

Die Katholische Soziallehre, so wie ich sie verstehe, ist ein umfassendes Gebilde, das nicht nur die Lehre der Kirche in einer offiziellen Stellungnahme meint, sondern auch die sozialethische Durchdringung an den Lehrstühlen, in den Diskussionen und erst recht die soziale Bewegung. Wir als Kirche wünschen uns, als Bischof wünsche ich mir, dass es eine Bewegung gibt, dass es Menschen gibt, die das umsetzen, die eine Idee haben und sie politisch ins Feld führen, die in einer Partei oder in Gewerkschaften oder in Familienunternehmen etwas voranbringen, so dass die Ideen nicht nur reine Theorie bleiben, sondern auch praktisch erprobt werden. Es gibt drei Säulen der Katholischen Soziallehre: die Sozialverkündigung, die Sozialwissenschaft und die Sozialbewegung – diese drei gehören zusammen.

2. Die Katholische Soziallehre
im geschichtlichen und theologischen Kontext

Ich möchte die Katholische Soziallehre in einen größeren geschichtlichen und theologischen Zusammenhang stellen, und sie nicht nur einfach zu einer „Bereichsethik" machen nach dem Motto, die Kirche sagt auch etwas zu Wirtschaft, Politik etc. Son-

dern sie gehört in den größeren Zusammenhang der Debatte um
Freiheit und Verantwortung.

Die christliche Lehre schaut auf den Menschen – es wurde zuvor
schon angedeutet –, und das mag konfessionell verschieden kon-
notiert sein, aber grundsätzlich doch mit einem Wohlwollen: Die
Schöpfung und der Mensch sind gut. Der Sündenfall verdirbt den
Menschen nicht ganz. Die *Conditio humana* ist zwar so, dass der
Mensch befreit werden muss, dass er zu einer Hoffnung geführt
werden muss, die nicht aus ihm selber kommt. Das ist historisch
und empirisch nicht belegbar, aber: Diese Hoffnung hat Menschen
empirisch bewegt, kann man sagen. Die Notwendigkeit einer Befreiung, eines „Loskaufs" und der grundsätzliche Gedanke, dass
alle Menschen Kinder Gottes sind, Bild des lebendigen Gottes, das
ist eine der revolutionärsten Botschaften, die auf dieser Welt jemals
ausgesprochen wurden. Sie steht auf den ersten Seiten der Bibel.

Ob die Kirche, die Welt, unsere Kultur immer auf diesem Niveau gelebt haben oder leben können, ist eine andere Frage. Aber
dass am Anfang hier eine Menschheitsfamilie steht als Bild dafür,
was am Anfang war und was deswegen normativ bleibt: Wir sind
alle Brüder und Schwestern, wir gehören zusammen. Alle Menschen unabhängig von ihrer religiösen Überzeugung sind Bild
und Gleichnis Gottes. Das ist eine starke Botschaft. Und deswegen,
denke ich, muss sie auch hier in diesem Kontext eingeführt werden. Dass dies nicht mehr so ist, wie es ursprünglich gewünscht
war, nennt man in der katholischen Theologie die Ursünde. Es gibt
ja immer wieder Diskussionen, ob man das beweisen könne. Ich
glaube, nichts an katholischen Dogmen, ist so leicht zu beweisen
wie dies. Denn die Welt ist nicht wie sie sein sollte. Jetzt kann man
nachdenken, warum. Das ist richtig. Ein Argument wäre: Wir
haben eine Hoffnung in uns, die auf mehr aus ist, auf mehr Gerechtigkeit, auf mehr Güte, auf mehr Barmherzigkeit; wir spüren
aber, dass die Welt, wie sie ist, nicht so ist.

Das Ziel der christlichen Botschaft ist, eine Befreiung in Gang
zu bringen oder um es von Christus her zu sagen: Gott hat sich
auf diese Welt eingelassen in einer Weise, dass sie in einen neuen

Horizont, in eine neue Schöpfung hineingeführt wird, die zur Befreiung des Menschen führt. Diese Befreiung führt in einen neuen Bund, in eine neue Gemeinschaft, in eine neue Lebensweise. Die Idee ist, was wir im Alten Testament schon feststellen, dass das Volk Gottes zusammengeführt wird, um auch in der praktischen ökonomischen, gesellschaftlichen, politischen Lebensweise deutlich zu machen, was der Wille Gottes für den Menschen ist.

Ich spreche jetzt als Theologe und jeder kann sich dazu eine Meinung bilden, aber das ist der grundsätzliche Anspruch. Es geht darum, deutlich zu machen in der politischen, gesellschaftlichen und ökonomischen Botschaft, wie menschliches Zusammenleben eigentlich sein sollte. Mich hat das immer wieder inspiriert: Wenn man das Alte Testament liest, gibt es dort Anweisungen zu Zins (das hat uns lange beschäftigt in der Geschichte), aber auch zum Verkaufen und Kaufen; und Levitikus und Deuteronomium sind voller ökonomischer Hinweise, wie das Leben zu gestalten ist. Das Verhältnis von Arm und Reich im Volk wird thematisiert, bei den großen Sozialpropheten wird das ganz drastisch deutlich gemacht.

Aus der christlichen Botschaft kommt eine Spannung und Dynamik hinein: Das, was ist, ist nicht das, was sein soll. Manche Philosophen, die das Abendland als ein vom Christentum inspiriertes Gebilde betrachten, sehen darin einen wichtigen Punkt. Offensichtlich kommt durch diese Botschaft doch auch im Individuellen eine Vorstellung auf: Mein Leben muss ich verantworten. Mein Leben muss eine Entwicklung haben, muss ausgerichtet sein auf ein Ziel, orientiert sich an Maßstäben. Ich stehe einmal vor dem Gericht Gottes. Das gilt auch gesellschaftlich. Das Gericht und die Verantwortung vor dem, der uns geschaffen hat, führen dazu, dass auch gesellschaftlich im Abendland oder in der Geschichte der christlichen Kultur so etwas wie geistliche Utopien aufkommen. Ich will nur an Joachim von Fiore oder andere erinnern, die in der Folge gesellschaftlich rezipiert wurden, und zwar in einer säkularisierten Weise.

Ich will darauf hinweisen, dass dieses Potential in der christlichen Botschaft steckt, die gesamte Gesellschaft, Wirtschaft und

Politik aus einem übergeordneten Ziel dynamisch zu entwickeln auf eine ideale Gesellschaft, bessere Gesellschaft, gute Gesellschaft und gutes Miteinander hin. Dass dieses dynamische Potential darin ist und auch theologisch thematisiert wurde: das Reich Gottes. Die Reich-Gottes-Idee ist insofern zu verstehen als eine Botschaft, die für diese Welt gilt. In dieser Botschaft steckt die Dynamik, die Welt insgesamt (und zwar nicht nur einen Teil der Welt und nicht nur die Individuen) aus dem Geist dieser neuen Schöpfung zu gestalten und voranzutreiben. Das meine ich, sollte man nicht ausklammern.

3. Die ungelöste Frage von Freiheit und Verantwortung

Es bleibt als dritter Punkt dann die ungelöste Frage von Freiheit und Verantwortung. Wem soll ich mich verantworten? Individuell und institutionell, theologisch, politisch und philosophisch? Wie kann diese Frage von Freiheit und Verantwortung weiter vorangetrieben werden? Wie kann sie beantwortet werden?

Auch dazu zunächst einige geschichtliche Bemerkungen: Philippe Nemo, der einen kurzen Essay *Was ist der Westen?* geschrieben hat, erörtert die Geschichte des Abendlandes, auch aus ökonomischer Perspektive. Interessanterweise betont er nicht so sehr die Reformation als ein Moment der Freiheitsgeschichte, sondern die sogenannte päpstliche Revolution, nämlich den Gedanken, dass der Staat Grenzen hat und sozusagen von der Kirche her gesagt bekommt: Hier ist deine Souveränität zu Ende. Dass die Kirche nicht weitergedacht hat, was das für innerkirchliche oder politische Zusammenhänge bedeutet, ist eine andere Frage. Aber hier geht es darum, deutlich zu machen: Ein Moment (nicht das einzige), ein Element der Freiheitsgeschichte Europas ist auch diese Grenzziehung zwischen Staat und Kirche.

Als Bischof von Trier habe ich mich intensiv mit dem vierten Jahrhundert beschäftigt, und es war schon faszinierend zu sehen, wie doch das Christentum auf die politische Macht in anderer Weise reagiert hat als die politischen Religionen vor ihm. Es gab tatsächlich schon ganz von Anfang an eine klare Trennung, auch dem Kaiser gegenüber. Der Dualismus von Staat und Kirche führt auch dazu, dass der Dualismus von Staat und Gesellschaft nötig ist: Nämlich, dass der Staat nicht alles regiert, nicht alles bestimmt, sondern dass es einen Raum der Freiheit gibt, letztlich auch persönlich, aber doch auch gesellschaftlich. Die Kirche ist ein Raum, in den der Staat nicht hineinregieren soll, jedenfalls nicht, ohne genau zu begründen, warum er das tun sollte. Dieser Dualismus bleibt ohne Konsequenzen für die Freiheit der Person bei Martin Luther und auch im katholischen Denken.

Ein weiterer wichtiger Punkt ist die aristotelisch geprägte Sicht auf die Vernunft. Es wurde bereits auf die Spätscholastik hingewiesen, die auch außerordentlich wichtig ist für die Weiterentwicklung der Katholischen Soziallehre. Es gab einen Sprung zwischen dem 16./17. Jahrhundert und der Soziallehre im 19. Jahrhundert – man hat hier keine kontinuierliche Verbindung. Es sind Kommunikationsströme – und das mag auch mit an der Spaltung der Kirche und am Konfessionalismus liegen, dass die kirchlichen Sozialethiken an Einfluss verlieren und im Grunde genommen die Deutungsmacht und die Anschlussfähigkeit an die anderen Diskurse, die in der Philosophie, in der politischen Theorie und in der Rechtswissenschaft geführt werden, verlieren, obwohl die Schritte alle vorgezeichnet waren. Wenn wir die Texte aus der Renaissance sehen, wenn wir die Texte aus der Spätscholastik sehen (Kardinal Joseph Höffner hat lange über Wirtschaftsethik gearbeitet), lässt sich erkennen, das hier Kommunikationen abgebrochen sind. Das ist, wie ich glaube, auch eine Folge der Reformation. Es ist keine intendierte Folge, aber eine, die mit dazu führt, dass wir uns konfessionell zurückziehen, die Kirchen sich selbst gegeneinander behaupten und der Staat sich emanzipieren muss aus der Religionsfeindschaft hin zu einer Neubegründung aus der Vernunft, die sich dann säkularisiert und nicht mehr religiös begründen kann. Das ist ein Fehler. Vielleicht können wir tatsächlich diesen Bogen wieder aufnehmen. Das wäre ein Votum, das ich aus unseren heutigen bisherigen Debatten schon einmal mitnehmen würde: der Konfessionalismus als ein Grund für die säkulare Freiheitsidee, die dann zu Autonomie und Selbstbestimmung wird, letztlich auch gegen die (evangelische wie auch katholische) Kirche selbst, die im 17. und 18. Jahrhundert mit ihrer großen Breite mit den Freiheitsbewegungen nicht immer etwas anfangen konnte. Man muss dazu feststellen, dass die ganze Freiheitsbewegung, die ja auch eine Grundlage der ökonomischen Freiheit und der Entfesselung der Produktivkräfte (um es marxistisch zu sagen: des Ablegens der feudalen Zwänge und Arbeitsordnungen) ist, mit größter Kritik und mit größtem Misstrauen von Seiten der Kirche gesehen worden ist.

Die säkulare Freiheitsidee wird also zu Autonomie und Selbstbestimmung, und die Grundlage des Staates, des Zusammenlebens und damit auch der sozialen Gesetzgebung und der Wirtschaft wird nicht mehr religiös begründet, sondern von der Vernunft her, die sich von den Begründungen der Kirche abkoppelt. Manche sagen, dass sie sich abkoppeln muss, weil die Kirchen sich als Quelle des Unfriedens und des Streites und nicht des Zusammenhaltes in der Gesellschaft herausgestellt haben. Das ist ein wichtiger Punkt, den wir historisch anschauen müssen. Die Religionskriege sind eine Ursache der modernen Vertragstheorie, weil damit deutlich wird: Wir brauchen andere Begründungszusammenhänge, um das Zusammenleben der Menschen inklusive auch des wirtschaftlichen Zusammenlebens, des Handelns, zu begründen. Individuell kann man das Gewissen schulen, institutionell haben sich die Kirchen aus der Gestaltung der Gesellschaft durch ihre eigenen Streitigkeiten, durch ihr Gegeneinander verabschiedet.

4. Das „Projekt der Moderne"
und die „Dialektik der Aufklärung"

Das Projekt der Moderne löst sich also von diesen religiösen Zusammenhängen. Manche sprechen ja von der Dialektik der Aufklärung, das heißt, dass die Aufklärung sich auch selbst noch einmal durch die Engführung aufhebt, dass sich in utopischen Hoffnungen, in religiösen Analogien die Fortschrittsidee neu sakralisiert, als sei diese Entwicklung selber schon zum Guten ausgreifend, als sei es eine Selbstverständlichkeit, dass da, wo Menschen ihren eigenen Interessen folgen oder wo man der Evolution freien Lauf lässt, sich am Ende in der Geschichte das Gute durchsetzt und dass das, was neu ist, besser ist als das Alte. Der Fortschritt wird hier als Ideologie vertreten und es besteht kein Zweifel daran, dass das viele bis heute inspiriert. Was neu ist, ist besser. Die Fortschrittsidee wird religiös untermauert, wird sozusagen religiös beerbt. Aber auch wenn das so ist, wenn wir also im Blick auf die Ökonomie die Vorstellung haben: Wenn man seinen eigenen Interessen folgt, wird das schon zum Guten ausgehen (wir haben ja diese Verschärfung noch einmal in den 1990er Jahren erlebt in einer Ideologie des Marktes, die deutlich sagt, je weniger Regeln umso besser), dann wird es im Grunde genommen, wenn man dem Freiheit gibt, weltweit für alle besser werden. Wir haben eben schon von der Trickle-Down-Theorie gehört. Und jetzt könnten viele sagen, also ist das doch alles eingetroffen und dann ist es doch alles genau so richtig. Aber stimmt das? Darüber werden wir dann vielleicht noch streiten müssen.

Es wäre sozusagen eine Bestätigung: Wir brauchen keine Institutionen, wir brauchen nur eine Befreiung des Marktes. Aber ist das ein Garant für das gute Leben? Die Katholische Soziallehre sieht hierin einige Probleme, und das hat sich nach 1989 noch einmal verschärft.

Wenn man in die Geschichte schaut, gab es natürlich immer wieder Versuche: Wie kann der Garant für das gute Leben, für das Richtige, was am Ende nicht nur gutes Leben für den Einzelnen, sondern für die Gesellschaft bedeutet, trotzdem erreicht werden?

Ich möchte drei Punkte nur kurz nennen: Zuerst Hegel: Er hat es gedanklich ja versucht mit der „List der Vernunft", dass also die Vernunft sozusagen um die Ecke herum das Ganze doch noch einmal zum Guten führt. Das ist natürlich eine sehr große Hoffnung.

Als zweites Kant, der das etwas tiefer durchdacht hat. In seinem Vorwort zum Buch „Zum ewigen Frieden" hat er gefragt: Wie können die modernen Institutionen aussehen? Er sagt, sie müssen so aussehen, dass sie auf die Eigeninteressen der Menschen Rücksicht nehmen und so konstruiert sein, dass diese Eigeninteressen nicht dazu führen, das gesamte Gemeinwohl in Frage zu stellen, sondern es sogar zu befördern. Ich zitiere jetzt frei: „Dieses Problem muss lösbar sein." Ich habe mich beim Lesen immer gefragt: Ist es wirklich lösbar? Ich bin der Sache nachgegangen, und natürlich hilft sich Kant mit dem kategorischen Imperativ. Also mit einer Ethik, die im Grunde doch voraussetzt, dass Menschen sittlich handeln wollen. Ob das so gelingt, ob das möglich ist, mit der List der Institutionen quasi eine Garantie für das Gute zu bekommen, bleibt als Frage. Und als Drittes verweise ich auf Adam Smith, das muss ich hier nicht vertiefen: die „List des Marktes". Das ist natürlich für die Katholische Soziallehre, für jede Ethik, völlig schwierig zu verstehen, dass die Intentionen, die auf das Eigeninteresse aus sind, doch dazu führen können, dass das Allgemeininteresse gefördert wird. Ein solches Denken um die Ecke herum war für einen katholischen Pfarrer und Papst vielleicht doch etwas schwierig vorstellbar. Bis heute übrigens. Nicht nur für religiös konnotierte Menschen, sondern in der gesamten Öffentlichkeit, ist es eine Herausforderung, deutlich zu machen, was hier gemeint ist. Ist damit gemeint, dass jemand egoistisch sein darf? Dass sich jemand im Grunde genommen nur an die Gesetze hält und meint, das sei schon Moral? Das ist doch zu wenig! Heißt das, dass die face-to-face-Beziehungen in einem Unternehmen nichts wert sind? Heißt das, dass wir jeden Tag ins Bürgerliche Gesetzbuch schauen, was mir zusteht? Eben nicht! Aber eine Gesellschaft, die so aufgebaut wird, wird nicht zum Guten geführt.

Das heißt, wir kommen nicht daran vorbei, auch über Legitimität nachzudenken. Wir kommen nicht daran vorbei, über Tugendethik nachzudenken. Wir kommen nicht daran vorbei, deutlich zu machen: Ich tue nicht nur das, wozu ich verpflichtet bin, sondern ich tue mehr. Sie könnten sonst Ihr Familienleben einstellen. Das

ist eine wichtige Voraussetzung für alles. Sie könnten die Bildungs-
programme einstellen, wenn Sie nur ein Reiz-Reaktions-Schema
anwenden. Das ist die Frage der „List des Marktes" und deswegen
hat Adam Smith ja auch *The Theory of Moral Sentiments* geschrieben, was er für wichtiger hielt als *The Wealth of Nations*. Und
das ist immerhin ein Hinweis für unseren Ausgangspunkt: Woher
kommt diese Moral? Wenn sie notwendig ist, um zumindest von
Kant und Smith auszugehen, wenn beide der Überzeugung sind,
um auch ökonomisch zu einem guten Ziel zu führen, brauche ich
eine starke Tugendethik, bleibt die Frage, woher diese kommt.
Oder kann ich es reduzieren, wie manche moderne Ökonomen
ja meinten, indem ich die Spielregeln festlege (wer? wie?) und das
gesamte Marktgeschehen sozusagen ethisch neutralisieren kann?
Es gab eine deutliche Tendenz in der Wirtschaftsethik, das auf die
Institution zu beschränken und die Einzelzüge des gesamten Geschehens ethisch zu entlasten, und damit im Grunde genommen
zu sagen: Die Ethik findet in den Rahmenordnungen statt.

Das funktioniert offensichtlich nicht. Ich habe keine Antwort
darauf, aber man muss sich fragen: Wird eine moderne Wirtschaft, wird ein modernes Gemeinwesen angewiesen bleiben auf
tugendethische Begründungen? Und auch darauf, dass Menschen
so handeln? Und wie handeln Menschen so, dass sie auch Respekt
haben vor einem Mitarbeiter, dass sie an die nächsten Generationen denken, dass ihnen nicht gleichgültig ist, ob Menschen fliehen
und wie sie in verschiedenen Umständen leben? Woher sollen
diese Sensibilität und die Bereitschaft kommen, eventuell auch
weitgreifende Rahmeninstitutionen zu ändern im Blick auf diese
Ausrichtung? Als Stichworte seien nur genannt „TTIP" oder „Klimawandel". Wie ist das auf einer globalen Ebene möglich? Damit
sind die Probleme schon genannt, aber es sind nicht die Antworten
gegeben. Doch den Problemen muss man sich zumindest stellen,
wenn man versucht, gemeinsam Antworten zu finden.

Die Herausforderung für die Katholische Soziallehre, wenn ich
sie jetzt auf der lehramtlichen Ebene und auf der wissenschaftlichen Ebene anschaue, wird sein, dies zu bedenken im Horizont

der Freiheit, und weiterzuentwickeln im Horizont der Freiheit. Es gibt kein Zurück in einen Staat oder in eine Kirche, die anderen sagt, was sie zu tun oder zu lassen haben. Sondern es gibt eine Auseinandersetzung darüber, wie wir in einem Kontext der Freiheit Verantwortung übernehmen. Wieviel dazu der Einzelne in seinem eigenen Entscheidungsraum tun kann, tun muss, was ihm überlassen bleibt und was institutionell geregelt werden muss – das sind die großen Fragen, denen wir uns stellen. Darauf gibt es keine generellen Antworten, sondern das müssen wir im Einzelnen durchdeklinieren und diskutieren – sowohl im nationalen Bereich als auch im internationalen Bereich.

Die Verhältnisbestimmung von Freiheit und Verantwortung bezieht sich dann auf das gesamte Feld der menschlichen Gesellschaft der modernen Welt, in der wir leben. In manchen Alpträumen habe ich gelegentlich mit Blick auf die aktuellen Diskussionen den Eindruck, dass diese freie Gesellschaft, von der wir reden, nur eine Episode sein könnte. Ausgemacht ist es ja nicht. Wenn wir historisch denken, müssen wir schön vorsichtig sein, zu sagen: Wie wir leben, was wir hier für selbstverständlich halten, das ist für immer so und das wird gar nicht in Frage gestellt. Ich werde in diesem Punkt zunehmend vorsichtiger, obwohl ich ein positiv denkender Mensch bin.

5. Herausforderungen für die Katholische Soziallehre im Horizont der Freiheit

Ich habe kürzlich von Otfried Höffe _Kritik der Freiheit_ gelesen, was ich auch vielen empfehle. Höffe eröffnet einen Horizont über das gesamte Thema der Freiheit im Blick auf Wissenschaft, Wirtschaft, Kultur, Staatstheorie, immer im Sinne der kantischen Tradition von Kritik. Kritik der Freiheit im Sinne von: Was bedeutet es, wenn ich sage, ich will eine freie Gesellschaft? Was bedeutet es, wenn ich sage, ich will eine freie Wirtschaft? Was bedeutet es, wenn ich das auf die verschiedenen Lebensbereiche beziehe? Dann heißt es Verantwortung, dann heißt es Diskurs, dann muss man reden miteinander, Vereinbarungen treffen, kulturelle Voraussetzungen kennen. Das ist ein unglaublich komplexes Feld. Und als ich dieses Buch gelesen hatte, dachte ich, dann kann man verstehen, warum durch diese Komplexität für viele die Diskursivität eine Herausforderung darstellt. Eine Herausforderung, da eben nicht ein einzelner sagen kann, da geht es lang, sondern ein unglaublich komplexes Feld von Reden, Gegenreden, öffentlichen Debatten, politischen Entscheidungen, Wahlentscheidungen, weltweiten Entscheidungen vorhanden ist. Es besteht natürlich die Gefahr, das wieder auf einfache Antworten zu reduzieren, auf Verschwörungstheorien, auf Gut und Böse, auf Ideologien des Marktes oder der Klasse oder der Nation. Diese Gefahr sehe ich jedenfalls. Gerade nach der Lektüre dieses großartigen Buches, in dem genau seziert wird: Was heißt eigentlich Freiheit? Und: Warum wollen wir in einer freien Gesellschaft leben? Was bedeutet das? Was muss ich da einbringen? Auch wir als Kirche müssen uns hineinbegeben in den Diskurs und auf dem Niveau dieses Diskurses argumentieren. Wird dieser Diskurs denn überhaupt wahrgenommen oder verlaufen wir uns in schnellen Postings, in denen sich Leute gegenseitig bestätigen, aber nicht mehr in eine Bereitschaft hineinkommen, gemeinsam zu lernen, Entscheidungen zu fällen, an kommende Generationen zu denken, an Menschen zu denken, die mit uns gar nichts zu tun haben, die doch aber auch auf dieser Welt sind?

Offensichtlich ist der Bereich der Wirtschaft im Blick auf Tugendethiken und Institutionen weiterzuentwickeln. Deswegen formuliere ich manchmal im Blick auf die Katholische Soziallehre: Wir müssen über den Kapitalismus hinausdenken. Ich will jetzt auf die einzelnen Punkte gar nicht eingehen (auf die Finanzkrise, die Ideologie des freien Marktes). Wir sind Vertreter einer Sozialen Marktwirtschaft, aber auch das ist ein Begriff, der sehr offen ist. Da geht es einfach nur darum, festzuhalten: Märkte sind sehr sinnvoll, aber nur, wenn sie als Zivilisationsprodukt verstanden werden, wie es Franz Böhm einmal gesagt hat. Sie sind nicht von sich aus da, naturwüchsig, sondern Zivilisationsprodukte, die eine Rechtsordnung und eine Kultur voraussetzen. Und das ist weitgehend in den Ländern der gesamten Welt so nicht der Fall. Wir alle wissen es, und Sie können bei den Ordoliberalen nachlesen, dass es so gesehen wird. Wir tun aber so, als würde der Markt selbst die Kultur hervorbringen, als würden Märkte selbst das hervorbringen, was sie voraussetzen. Zumindest dürfen Sie vielleicht von einem Bischof annehmen, dass er an diesem Punkt ein Fragezeichen setzt. Ob das wirklich so funktioniert, wenn wir die Ökobilanzen, die Sozialbilanzen anschauen und nicht nur auf eine reine Wachstumszahl schauen?

Ich hatte im Sommer eine Podiumsdiskussion in Kopenhagen mit einem wirklichen Erzliberalen. Das war auch angenehm, aber scharf in der Argumentation, auch gegen den Papst natürlich. Und ich fragte dort: Wie ist das denn mit der Ökobilanz? Dazu sagte er: Ja, das ist ein Problem. Aha! Immerhin! Und deswegen meine ich, brauchen wir hier ein Weiterdenken hin zu einer sozialen Marktwirtschaft, die eben diese Rahmenordnungen voranbringt. Deswegen war auch mein Standpunkt in der Debatte um TTIP aus Sicht der Katholischen Soziallehre nicht einfach nur Ja oder Nein. Ich kann mich an den Antrittsbesuch bei der Bundeskanzlerin vor zweieinhalb Jahren erinnern, als ich gerade Vorsitzender der Bischofskonferenz wurde, und ihr gesagt habe: TTIP wird ein großes Thema, Frau Bundeskanzlerin. Und wir als Kirche können eigentlich nur sagen: Wir können keinem Verhandlungsergebnis zustimmen, bei dem die Armen grundsätzlich ausgeschlossen werden und keine Chance bekommen, und durch das die kommenden Generationen belastet werden. Das sind zwei Eckpunkte, an denen wird man das Abkommen messen müssen. Lieber wäre uns natürlich eine Welthandelsrunde. Lieber wäre uns, dass Bali funktioniert hätte. Vor wenigen Jahren war ich noch hoffnungsvoll, dass wir eine multilaterale Gesamtwelthandelsrunde machen, in der Rahmenordnungen wenigstens ansatzweise da sind; etwa, dass Institutionen einbezogen werden in die freien Märkte, Standards, ökologische Fragen, rechtliche Fragen usw. Aber das Scheitern der Welthandelsrunde gehört zu den großen negativen Punkten der letzten Jahre. Wir reden von Globalisierung und finden nicht den Weg, die produktiven Kräfte, die die moderne Wirtschaft entfaltet, in einen Rahmen hineinzunehmen, der allen, nicht nur uns, sondern möglichst allen, nutzt, auch den kommenden Generationen. Wir können nicht auf einem Wohlstandsmodell beharren, das auch zu Lasten anderer geht; vielleicht nicht zu Lasten aller, aber zu Lasten vieler Menschen. Glauben wir wirklich, wir könnten das auf dieser deutschen Wohlstandsinsel verteidigen?

Wir brauchen den größeren Zusammenhang im Blick auf die globale Ordnung der Wirtschaft, und darin ist der Kapitalismus nicht die Antwort. Kapitalismus ist nicht dasselbe wie die Marktwirtschaft. Ich wiederhole es immer wieder, denn es wird so getan, als sei das dasselbe. Kapitalismus ist eine Orientierung des wirtschaftlichen Geschehens an den Kapitalverwertungsinteressen. Und das ist stärker geworden seit den 1990er Jahren, doch das ist nicht Wirtschaft. Ich kann nicht erkennen, dass darin das Wesen der Wirtschaft liegt oder liegen sollte. Märkte sind Begegnungen unter Menschen. Kauf und Verkauf ist etwas anderes, ein größerer Zusammenhang. Deswegen: Warum sollten wir uns nicht dafür einsetzen, dass wir von Marktwirtschaft reden und nicht von Kapitalismus? Ein Begriff, der im Grunde genommen eng führt und das Ganze auf einen Kapitalverwertungsstrom eingrenzt. Wir werden erleben, dass die Sensibilität der Wirtschaft und der Unternehmen dafür steigt, ich hoffe es jedenfalls. Wir können als Kirche in dieser Debatte einen Beitrag leisten.

Bei der diesjährigen Verleihung des Max-Weber-Preises wurde auch über Produktzyklen gesprochen. Es stimmt, es ist nicht illegal in dem Sinne, dass es verboten wäre, bestimmte Dinge zu tun. Aber ein Unternehmen kann sich heute nicht mehr erlauben, Produkte aus einem Land zu beziehen, wo diese durch Kinderarbeit hergestellt werden, auch wenn sie dann in der großen Produktkette an irgendeiner Stelle eingebaut werden, wo das straflos wäre. Ich sage voraus, es wird in Zukunft noch genauer hingeschaut werden. Gott sei Dank! Selbstverständlich könnte man sagen: Ja, ich kann doch tun, was im Gesetz steht, dann bin ich doch moralisch gerechtfertigt. Nein, eben nicht. Ob dies uns weiterführt hin zu einer Entwicklung zu einer Globalen Sozialen Marktwirtschaft, zu einer globalen Kommunikation und einem globalen Diskurs, weiß ich noch nicht.

6. Der Beitrag der Katholischen Soziallehre

Die verantwortliche Freiheit, auch im Blick auf die Wirtschaft, ist das Leitmotiv, das uns anführen müsste, und bei dem wir als Kirche sozusagen die Soziallehre neu in Gang bringen können. Das Leitbild heißt: verantwortliche Freiheit.

Es gibt in der Katholischen Soziallehre weiteren Diskussions-bedarf. Wir haben die letzten 125 Jahre, die anknüpfen an die naturrechtlichen Fragestellungen, aber unterbrochen durch kon-fessionalistische Sperren, die im Grunde die europäische und geis-tige Kultur nicht nur positiv, sondern auch negativ geprägt haben, weil sie dazu führten, dass bestimmte Kommunikationen so nicht möglich waren, wie sie vielleicht hätten möglich sein sollen. Das ist zumindest mein Eindruck, den ich gerne zur Diskussion stellen würde. Und wir brauchen weitere Diskussionen und die wissen-schaftliche Auseinandersetzung gerade im Bereich der Ökonomie und der politischen Theorie. Ich versuche das in Gang zu bringen, auch mit US-amerikanischen Ökonomen. Wir haben bereits mit Nobelpreisträgern in Chicago über Katholische Soziallehre dis-kutiert – und das geht. Ich will wenigstens versuchen zu sagen: Wir können nicht einfach in unseren kleinen Kästchen sitzen und ständig nur Enzykliken zitieren. Das ist ja keine ausreichende Kommunikation mit anderen Wissenschaften, die weiter voran-getrieben werden muss.

Es geht um ein Ringen um das Menschenbild verantwortlicher Freiheit. Gerade in unserer Zeit, in der wir die Tendenz sehen, dass dieses Menschenbild scheinbar auch wieder manchen bedrohlich erscheint und wir zurückfallen in populistische und vereinfachte Freund-Feind-Kategorien, die die Freiheit des Menschen nicht als eine positive Herausforderung sehen können. Und wir sehen die Tragödie, dass die Freiheitsgeschichte Europas sich von der religiösen Freiheitsthematik gelöst hat: Erlösung. Befreiung. Was heißt Bund? Was heißt Reich Gottes? Das ist ein Bereich, der religiös ist, aber er hat nichts mehr zu tun mit dem Bereich, wo Menschen miteinander leben oder wo Menschen Gesellschaft gestalten.

Wir haben mit der Soziallehre der Kirche keine Utopien zu geben, aber begründete Hoffnung. Und ich bin überzeugt, dass das gerade heute ein wichtiger Beitrag ist. Ohne dass wir uns in die alte Rolle des Lehrmeisters aller hineinstellen, sollten wir einen konstruktiven Beitrag leisten zu dem, wie heute Wirtschaft und Gesellschaft im Kontext verantwortlicher Freiheit weiterentwickelt werden. Ich hoffe weiterhin, dass dies – wenn wir gute Argumente haben – ein fruchtbarer Beitrag sein kann.

Weltlicher Gottesdienst

Zur Aktualität der reformatorischen Wirtschaftsethik

Wolfgang Huber

I. Die *Max-Weber-These*

„Max Weber hat gesagt, dass nur die Arbeit wichtig ist, / dass der Herrgott den begnadigt, der die Pflichten nicht vergisst. / Müßiggang und Karneval, das ist für die Katz, / wer auf Erden viel verdient, hat bei Gott den besten Platz." So bestimmt der Kölner Karneval das Verhältnis zwischen Reformation und Wirtschaftsethik. Der Refrain dieses Songs der Traben-Trarbach-Band beginnt mit den Worten: „Ich bin so froh, dass ich nicht evangelisch bin, / die haben doch nix anderes als Arbeiten im Sinn."[1] Die Fortsetzung des Refrains erspare ich Ihnen …

Im Evangelischen Gesangbuch wird die karnevalsgemäß persiflierte Haltung so beschrieben: „Gib, dass ich tu mit Fleiß, / was mir zu tun gebühret, / wozu mich dein Befehl / in meinem Stande führet. / Gib, dass ich's tue bald, / zu der Zeit, da ich soll, / und wenn ich's tu, so gib, / dass es gerate wohl." So heißt die zweite Strophe von Johann Heermanns Lied „O Gott, du frommer Gott" (EG 495,2).

Ob heiter oder ernst: Das Arbeitsethos erscheint in solchen Darstellungen als das entscheidende Kennzeichen der reformatorischen Wirtschaftsethik. Und der Soziologe Max Weber wird

---

[1] Joachim Radkau, Leidenschaft im Eisschrank. Die lustvolle Qual Weberscher Wissenschaft oder Die Aktualität Max Webers, in: epd-Dokumentation 36/2014, S. 23–28, hier S. 23.

dafür verantwortlich gemacht, dass das aller Welt, auch den Jecken am Rhein, bekannt ist.

Als ich vor einem Jahrzehnt der chinesischen Religionsbehörde einen Besuch abzustatten hatte und gespannt die näheren Erläuterungen zur chinesischen Religionspolitik erwartete, wurde ich alsbald mit der idealen Kombination weltanschaulicher Versatzstücke konfrontiert, die man für den Zusammenhalt des chinesischen Riesenreichs für nötig hielt: Marxismus, Kapitalismus, Protestantismus und Konfuzianismus sollten eine gute Zukunft für China verbürgen: der Marxismus zur Rechtfertigung der Einparteienherrschaft, der Kapitalismus als Motor des Wirtschaftswachstums, der Protestantismus als Rechtfertigung von Kapitalakkumulation und Leistungsbereitschaft, der Konfuzianismus als Grundlage für Ordnungssinn, Pflichtbewusstsein und Gehorsam. In Ostasien wird der Protestantismus übrigens in Intellektuellenkreisen häufiger mit Max Weber als mit Johannes Calvin oder Martin Luther identifiziert. In der Verbindung von Protestantismus und Konfuzianismus trifft sich die chinesische Religionsbehörde mit dem südkoreanisch-amerikanischen Weltbankpräsidenten Jim Yong Kim, der in einem Interview die sogenannte Weber-These unterstrich, aber hinzufügte, nicht nur der Protestantismus, sondern auch der Konfuzianismus könne wirtschaftliche Dynamik auslösen, wie das Beispiel Südkoreas zeige.[2]

Nun steht die Funktionalisierung der sogenannten Max-Weber-These als Schmiermittel der globalen Wirtschaftsdynamik nicht nur in erheblicher Spannung zu dem, was Weber ursprünglich gemeint hat, sondern auch zu dem, was wir über die wirtschaftsethischen Implikationen der Reformation wissen.

Max Webers These knüpft an eine „laientheologische" Interpretation der Lehre Calvins an, „nach der die Erwählung des Christen sich unmittelbar an seinem Weltumgang ablesen lasse"[3].

---

[2] Frankfurter Allgemeine Zeitung vom 17. Mai 2014.

[3] Alexander HEIT, Kapitalismus und Kirche. Überlegungen zum Bildungsauftrag der Kirche im Anschluss an Max Webers Theorie der Moderne, in: Georg Pfleiderer / Alexander Heit (Hrsg.), Wirtschaft und Werte-

Schon im zweiten Teil seiner Protestantismus-Studien, dem Aufsatz über „die protestantischen Sekten und den Geist des Kapitalismus", hatte Weber deshalb als entscheidendes Thema seiner
Überlegungen die Frage nach der „Heilsprämie" genannt; im
Rückblick bedauerte er, dass seine Kritiker diese Pointe überhaupt
nicht wahrgenommen hatten.[4] Wörtlich sagte er in dem Sektenauf-
satz: „Nicht die ethische *Lehre* einer Religion, sondern dasjenige
ethische Verhalten, auf welches durch die Art und Bedingtheit
ihrer Heilsgüter *Prämien* gesetzt sind, ist im soziologischen Sinn
des Wortes ‚ihr' spezifisches ‚Ethos'".[5] Wie diese Heilsprämie – um
die Pointe zu verdeutlichen, könnten wir auch sagen: dieser Heilsbonus – aussieht, hat er später in dem religionssoziologischen Ma-
nuskriptteil für das große Werk über „Wirtschaft und Gesellschaft"
folgendermaßen zusammengefasst: „Die Prädestination gewährt
dem Begnadeten das Höchstmaß von Heilsgewissheit, *wenn* er
einmal sicher ist, zu der Heilsaristokratie der wenigen zu gehören,
die auserwählt sind. Ob aber der Einzelne dies unvergleichlich
wichtige Charisma besitzt, dafür muss es – da die absolute Un-
gewissheit dauernd nicht ertragen wird – Symptome geben. Da
nun Gott sich herbeigelassen hat, immerhin einige positive Gebote
für das ihm wohlgefällige Handeln zu offenbaren, so können jene
Symptome nur in der hier, wie für jedes religiös aktive Charisma,
ausschlaggebenden Bewährung der Fähigkeit liegen, als Gottes
Werkzeug an ihrer Erfüllung mitzuwirken, und zwar kontinu-
ierlich und methodisch, da man die Gnade entweder immer hat

---

kultur(en). Zur Aktualität von Max Webers ‚Protestantischer Ethik', Zürich
2008, S. 35–74, hier S. 44. Vgl. dazu auch Heinz STEINERT, Max Webers
unwiderlegbare Fehlkonstruktionen, Frankfurt a. M. 2010; Peter GHOSH,
Max Weber and 'The Protestant Ethic'. Twin Histories, Oxford 2014; Daniel
BEROS, Die Reformation und der „Geist des Kapitalismus". Historische,
systematisch-theologische und ethische Perspektiven, in: Ulrich Duchrow /
Martin Hoffmann (Hrsg.), Politik und Ökonomie der Befreiung, Berlin
2015, S. 76–106.

    [4] Vgl. Max WEBER, Gesammelte Aufsätze zur Religionssoziologie 1,
Tübingen 1972, S. 234.

    [5] Vgl. WEBER, Gesammelte Aufsätze (wie Anm. 4), S. 234 f.

oder nie. … Anstatt der scheinbaren ‚logischen‘ Konsequenz des
Fatalismus hat daher der Prädestinationsglaube gerade bei seinen
konsequentesten Anhängern die denkbar stärksten Motive gottgewollten Handelns anerzogen." Im einen Fall konnte das – wie
Weber vor ungefähr einhundert Jahren schreibt – „die rücksichts-
lose Selbstvergessenheit der […] islamischen Glaubenskämpfer"
sein, im anderen Fall „der ethische Rigorismus, die Legalität und
rationale Lebensmethodik der unter dem christlichen Sittengesetz
stehenden Puritaner". Wie im einen Fall die „Disziplin im Glau-
benskrieg […] die Quelle der Unüberwindlichkeit" war, so im
andern Fall die „innerweltliche Askese und disziplinierte Heils-
suche im gottgewollten Beruf die Quelle der Erwerbsvirtuosität".[6]

Die Berufung auf diese – in Webers eigener Zusammenfas-
sung in Erinnerung gerufene – These ist nach wie vor populär.
Doch die zu Grunde liegende „laientheologische" Interpretation
von Calvins Prädestinationslehre ist durch Webers Quellentexte
keineswegs gedeckt. Und die Auffassung, dass durch innerweltliche Askese ermöglichter beruflicher Erfolg die Erwartung einer
„Heilsprämie" begründe, wird durch historische Beobachtungen
eher widerlegt. Erfolgreiche Bankiers wurden beispielsweise in
den calvinistischen Kirchen der Niederlande bisweilen „als Sünder
vom Abendmahl ausgeschlossen, was im katholischen Italien eher
Heiterkeit erregt hätte".[7] Es mag unter Puritanern (wie ihr Name
schon nahelegt) wie unter anderen Protestanten eine besonders
ausgeprägte asketische Arbeitsbereitschaft gegeben haben, die sogar einen Beitrag zur Erklärung gewisser konfessionsspezifischer
Unterschiede im wirtschaftlichen Handeln zu leisten vermag. Aber
dass die puritanischen Kapitalisten alle deshalb zu Erwerbsvirtuo-
sen wurden, weil sie zugleich religiöse Virtuosen waren, die zur
„Heilsaristokratie" der wenigen Auserwählten gehören wollten,

---

[6] Max WEBER, Wirtschaft und Gesellschaft, Teilband 2: Religiöse Ge-
meinschaften (MWS I/22–2), Tübingen 2005, S. 118.

[7] Wolfgang REINHARD, Die Bejahung des gewöhnlichen Lebens, in:
Hans Joas / Klaus Wiegandt (Hrsg.), Die kulturellen Werte Europas, Frankfurt a. M. 2005, S. 265–303, hier S. 283.

ist äußerst unwahrscheinlich. Die These, dass der wirtschaftliche Erfolg statt mit einem finanziellen Bonus mit einem Heilsbonus prämiert wurde, steht empirisch auf wackeligen Füßen. Die mit ihr verbundene Vorstellung von einem generellen Modernitätsvorsprung des Protestantismus, die von Max Weber ebenso wie von Ernst Troeltsch vertreten wurde, wird inzwischen auch aus anderen Gründen relativiert. Christoph Strohm hat das am Thema „Religion und Recht in der Frühen Neuzeit" differenziert gezeigt.[8]

Wenn es anders wäre, müsste man jedenfalls zugeben, dass diese Verknüpfung zwischen finanziellem Erfolg und Erwählungsgewissheit heute jede Plausibilität verloren hat. Das sah auch Weber schon voraus. Denn der „im Sattel sitzende" Kapitalismus funktionalisiere den „Geist" auf die „Form". Deshalb bedürfe der spätere Kapitalismus auf „mechanischer Grundlage" eines kulturellen Unterbaus wie zur Zeit des Frühkapitalismus nicht mehr.[9] Aber auch wer heute nach einem ethischen, ja einem religiösen Fundament für sein wirtschaftliches Berufshandeln fragt, wird sich kaum noch auf die These von der Heilsgewissheit durch beruflichen Erfolg einlassen.

Das lässt sich exemplarisch an einer neuen Publikation verdeutlichen, in der 35 evangelische Führungskräfte Auskunft über die Frage geben, was ihr Glaube für die Wahrnehmung wirtschaftlicher Verantwortung bedeutet.[10] Viele von ihnen erwähnen auf die eine oder andere Weise den reformatorischen Berufsgedanken und die Pflicht, mit den ihnen anvertrauten Gaben etwas zu tun, was auch anderen zu Gute kommt. Kein einziger erwähnt den

---

[8] Vgl. Christoph STROHM, Religion und Recht in der Frühen Neuzeit, in: Zeitschrift der Savigny-Stiftung für Rechtsgeschichte, Kan.Abt. 102 (2016), S. 283–316, bes. S. 284 f.

[9] Vgl. WEBER, Gesammelte Aufsätze (wie Anm. 4), S. 204; Wolfgang SCHLUCHTER, Grundlegungen der Soziologie. Eine Theoriegeschichte in systematischer Absicht, 2. Aufl., Tübingen 2015, S. 287.

[10] Peter BARRENSTEIN / Wolfgang HUBER / Friedhelm WACHS (Hrsg.), Evangelisch. Erfolgreich. Wirtschaften. Protestantische Führungskräfte sprechen über ihren Glauben, Leipzig 2016.

„praktischen Syllogismus" der Puritaner, demzufolge der, dem es auf Erden gut geht, gewiss sein kann, dass es ihm auch im Himmel gut geht.

Mit solchen Feststellungen wird nicht bestritten, dass der moderne Protestantismus einen eigenständigen Beitrag zu der Rationalitätsstruktur geleistet hat, die sich im modernen Betriebskapitalismus genauso zeigt wie in der modernen Wissenschaft.[11] Zu bezweifeln ist jedoch, dass der Geist, den der Protestantismus dem Kapitalismus mit auf den Weg gegeben hat, der Geist der „Heilsprämie" war.

II. Rechtfertigung aus Gnade und weltlicher Gottesdienst

Das ist auch aus einem bisher noch nicht ausdrücklich genannten Grund unwahrscheinlich. Er liegt in der offenkundigen Spannung zwischen der Vorstellung von einer „Heilsprämie" und dem Kern der reformatorischen Theologie, nämlich der Rechtfertigungslehre. Deshalb verlassen wir an dieser Stelle die Sichtweise Max Webers, um nach dem Zusammenhang zwischen den wirtschaftsethischen Äußerungen der Reformatoren und der Grundeinsicht zu fragen, um derentwillen Martin Luther die Reformation überhaupt in Gang setzte. Dass wir damit einen schwierigen methodischen Übergang vollziehen, ist klar. Bisher hatten wir uns an der Bildung eines Idealtypus aus der Perspektive der Soziologie orientiert: dem asketischen Protestantismus im Licht der doppelten Prädestination. Jetzt betrachten wir einen „Idealtypus" aus der Perspektive der Theologie: nämlich wirtschaftliches Handeln als weltlichen Gottesdienst im Licht der Rechtfertigungslehre.

---

[11] Vgl. Wolfgang SCHLUCHTER, Rationalität – das Spezifikum Europas?, in: Hans Joas / Klaus Wiegandt (Hrsg.), Die kulturellen Werte Europas, Frankfurt a. M. 2005, S. 237–264; SCHLUCHTER, Grundlegungen (wie Anm. 9), S. 273–316.

Luther hatte den ihm zuvor verborgenen Schatz des Evangeliums in einer intensiven Beschäftigung mit dem Römerbrief des Paulus entdeckt. Von der Gerechtigkeit, die vor Gott gilt, sagt Paulus: „Es ist hier kein Unterschied: Sie sind allesamt Sünder und ermangeln des Ruhmes, den sie vor Gott haben sollten, und werden ohne Verdienst gerecht aus seiner Gnade durch die Erlösung, die durch Christus Jesus geschehen ist." (Röm 3,22–24) Martin Luther schrieb zu dieser Stelle an den Rand seiner Bibelübersetzung von 1522: „Merke, dies […] ist das Hauptstück und der Mittelplatz dieser Epistel und der ganzen [Heiligen] Schrift."[12]

Die These, dass die Grundentscheidung der Reformation sich auch in ihrem Umgang mit wirtschaftsethischen Themen zeigt, kann in diesem Vortrag nicht im historischen Detail entfaltet werden. Vielmehr muss ich mir die Freiheit nehmen, wesentliche Grundaussagen der reformatorischen Wirtschaftsethik systematisch zusammenzufassen und auf diese Weise den Zusammenklang mit dem Rechtfertigungsgedanken plausibel zu machen. Ich orientiere mich dabei beispielhaft an Martin Luther und Johannes Calvin.

1. Martin Luthers reformatorischer Ansatzpunkt wird gern an der Doppelthese verdeutlicht, mit der seine Schrift über die Freiheit eines Christenmenschen beginnt: „Ein Christenmensch ist ein freier Herr aller Dinge und niemandem untertan. Ein Christenmensch ist ein dienstbarer Knecht aller Dinge und jedermann untertan."[13] Präziser finde ich allerdings eine andere Formulierung aus der Freiheitsschrift, die folgendermaßen lautet: „Ein Christenmensch lebt nicht in sich selbst, sondern in Christus und in seinem Nächsten; in Christus durch den Glauben, im Nächsten durch die Liebe. Durch den Glauben fährt er über sich zu Gott, aus Gott

---

[12] Martin LUTHER, Die gantze Heilige Schrifft Deudsch, Wittenberg 1545, hrsg. von Hans Volz unter Mitarbeit von Heinz Blanke, München / Darmstadt 1972, S. 22–74; Vgl. dazu auch Wolfgang HUBER, Glaubensfragen. Eine evangelische Orientierung, München 2017, S. 12–17.
[13] Martin LUTHER, Ausgewählte Schriften, hrsg. von Karin Bornkamm und Gerhard Ebeling, 6 Bde., Frankfurt a. M. 1982, Bd. 1, S. 239.

fährt er wieder unter sich durch die Liebe und bleibt doch immer in Gott und göttlicher Liebe."[14] Die dank der göttlichen Gnade im Glauben angenommene Gottesbeziehung führt in die von der Liebe geprägte Beziehung zum Mitmenschen. Das Handeln in der Welt ist nicht ein Mittel, um Gott gnädig zu stimmen, sondern es folgt auf das Geschenk der göttlichen Gnade.

Diese Freiheitsthese enthält mit ihrer Ablehnung der religiösen Relevanz guter Werke eine radikal neue Deutung des Verhältnisses zur Welt.[15] Die Verordnung des Glaubens vor die guten Werke schließt eine Unterscheidung zwischen der Person und ihren Taten ein. Die Person sieht Luther durch den Glauben konstituiert, die Taten haben ihren Maßstab an der Liebe. Eine exzentrische Relationalität bestimmt den Menschen: Im Glauben ist er bei Gott, im Handeln beim Nächsten. Die Weltzuwendung des Protestantismus oder, wie manche auch sagen, die Weltlichkeit des Protestantismus ist im Gottesverhältnis begründet.

Luther verdeutlichte diesen Zusammenhang an einem schlichten Bild. Er verglich das christliche Leben mit einem guten Baum, der gute Früchte trägt. Dieser Baum kann gar nicht ohne gute Früchte sein; aber die guten Früchte bewirken nicht, dass der Baum gut ist. In diesem Sinn gehören die guten Werke – Luther scheute vor diesem Ausdruck keineswegs zurück – unlöslich zum christlichen Leben. Drastisch heißt es bei ihm über die guten Werke: „Folgen sie aber nicht, so ist gewisslich dieser Glaube nicht da; denn wo der Glaube ist, da muss der heilige Geist dabei sein, Lieb und Güt in uns wirken".[16] Luther hat diesen Ansatz in drei Hinsichten wirtschaftsethisch entfaltet: in der Auseinandersetzung mit Zins und Wucher, im Einsatz für die Überwindung von Armut und Bettelei, in der Beschreibung des Berufs als eines weltlichen Gottesdienstes.

[14] LUTHER Ausgewählte Schriften (wie Anm. 13), Bd. 1, S. 263.
[15] Vgl. Günter MECKENSTOCK, Wirtschaftsethik, Berlin/New York 1997, S. 104. Vgl. dazu auch Hans-Jürgen PRIEN, Luthers Wirtschaftsethik, Erlangen 2012.
[16] Martin Luther, Ausgewählte Werke, hrsg. von Hans Heinrich Borcherdt und Georg Merz, Ergänzungsreihe Bd. 3, München 1940, S. 34.

Besonders intensiv und über viele Jahre hat Luther sich mit dem Problem von Zins und Wucher beschäftigt. Seine Schriften zu diesem Thema umspannen die Jahre von 1519 bis 1540. Luthers Aufmerksamkeit für das Thema spiegelt die ökonomischen Veränderungen seiner Zeit, nämlich den Übergang von einer vorrangig am „Haus" orientierten zu einer vorrangig am „Geld" orientierten Ökonomie. Dieser Übergang wurde von vielen mit Misstrauen verfolgt. Luther machte sich diese kritische Betrachtungsweise zu eigen. Der Tendenz, Preise bis zum Äußersten auszureizen, hielt er die Frage nach dem Nächsten entgegen. Den Zinsgeber konfrontierte er mit der Goldenen Regel; er stellte ihn damit vor die Frage, ob er den Zins fair fände, wenn er nicht Gläubiger, sondern Schuldner wäre. Der Impuls für diese Haltung entstammt Luthers Grundentscheidung, die Weisungen der Bergpredigt nicht als „evangelische Räte" anzusehen, die nur für diejenigen gelten, die für sich selbst eine monastische Lebensform gewählt haben. Vielmehr gelten diese Weisungen für jeden Christen in gleicher Weise. Jeder muss deshalb auch im eigenen Gewissen den Konflikt austragen, dass er diese Weisungen befolgen kann, so lange er nur für sich selbst handelt, aber um Abstriche nicht herumkommt, wenn sein Handeln Auswirkungen auf andere hat. An der Frage des Rechtsverzichts macht Luther dies deutlich: Solange ein Christ nur für sich selbst handelt, verzichtet er auf die Durchsetzung des eigenen Rechts; sobald sein Handeln aber das Recht des andern berührt, ist er nicht nur berechtigt, sondern sogar verpflichtet, das Recht des andern zu verteidigen. Diese Denkfigur findet sich auch in Luthers Überlegungen zur Wirtschaftsethik. Der Bergpredigt getreu fordert er dazu auf, erstens die gewaltsame Wegnahme eigenen Guts hinzunehmen, zweitens jedem zu geben, wessen er bedarf, und drittens „willig und gern" zu leihen ohne jeden Zins. Daraus ergibt sich mit innerer Notwendigkeit viertens, Geschäfte nur auf der Basis von Barzahlung abzuschließen.

Luther wusste freilich, dass sich wirtschaftliches Handeln in seiner Zeit mit diesen Regeln nicht mehr gestalten ließ. Sein Beharren auf diesen Regeln hatte, wie Josef Wieland eindrücklich dargestellt hat, den Charakter einer „paradoxen Kommunikation", die den Raum für eine kritische Prüfung eines bereits als selbstverständlich angesehenen Verhaltens öffnen und offen halten sollte.[17] Die bereits zu seiner Zeit eingespielte Auffassung, dass der Zinskauf dem wohlverstandenen Interesse beider Seiten diene, stellte Luther mit seiner zugespitzten Bergpredigt-Perspektive in Frage: Der These, der Zinskauf sei für beide beteiligten Seiten von Vorteil, stellte er die asymmetrischen Ergebnisse solcher Transaktionen entgegen. Diese bestimmten sein scharfes Urteil gegen diejenigen, die „in so kurzer Zeit derartig reich" werden, dass sie „Könige und Kaiser ausstechen" können.[18] Asymmetrisch, nämlich zu Lasten des Schuldners, sah Luther auch das Risiko verteilt. So wortgewaltig er deshalb den Wucher verurteilte, wagte er dennoch praktische Vorschläge zur gerechteren Risikoverteilung und zur Begrenzung des Zinsfußes. Die Grundidee bestand darin, dass auch der Kreditgeber die Risiken der mit seinem Geld finanzierten Vorhaben teilt. Auch in der eigenen Lebensführung fehlte es Luther übrigens durchaus nicht an nüchternem Wirtschaftssinn. Unter praktischen Gesichtspunkten rang er, auch wenn er von anderen um Rat gebeten wurde, mit der Frage, wie sich vernunftgemäßes Wirtschaften und ausbeutender Wucher voneinander unterscheiden lassen.

Neben Zins und Wucher ist die Orientierung am hilfsbedürftigen Nächsten ein zweiter, erneut höchst konkreter Ausgangspunkt von Luthers Wirtschaftsethik. Schon in seiner Auseinandersetzung mit dem Ablass rückt er diesen Gesichtspunkt schroff in den Vordergrund. Erneut bildet die Rechtfertigungslehre dafür den Ausgangspunkt. Der geistlichen Überhöhung von Armut erklärte Luther den Abschied; gegen die Bettelorden schärfte er die Pflicht

---

[17] Josef WIELAND, „Wucher muss sein, aber wehe den Wucherern". Einige Überlegungen zu Martin Luthers Konzeption des Ökonomischen, in: Zeitschrift für Evangelische Ethik 35 (1991), S. 268–284; DERS., Luthers Ökonomiekritik und ihre Ausläufer in der Wirtschaftsethik der Gegenwart, in: epd-Dokumentation 21 (2014), S. 4–11.

[18] Martin LUTHER, Deutsch-deutsche Studienausgabe, hrsg. von Johannes Schilling u. a., Bd. 3: Christ und Welt, Leipzig 2016, S. 449.

zum eigenen Nahrungserwerb ein. Wer dazu nicht im Stande war, sollte vom Gemeinwesen Unterstützung erhalten. Jede Stadt sollte ihre armen Leute versorgen und keine fremden Bettler zulassen, auch wenn sie sich darauf beriefen, auf Wallfahrt zu sein oder einem Bettelorden anzugehören. Der Vorrang der Arbeit vor dem Almosen sollte sich als ein wichtiger Aspekt des protestantischen Arbeitsethos erweisen. Vor allem aber bildeten solche Überlegungen den Ausgangspunkt für die Ausgestaltung eines evangelisch fundierten Sozialwesens. Nicht mehr Orden und Bruderschaften, sondern die Städte und Gemeinden sollten die Fürsorge für die Armen und Hilfsbedürftigen übernehmen. Dafür wurde ein „gemeiner Kasten", also ein öffentlich verwalteter Fonds eingerichtet, der zu entscheidenden Teilen aus der Säkularisierung bisheriger Kirchenschätze und Kircheneinkünfte gespeist wurde. Innerhalb weniger Jahre fasste die Idee des Gemeinen Kastens in weiten Teilen des protestantischen Deutschland Fuß.

Von mindestens ebenso epochaler Bedeutung ist die Prägung, die Martin Luther dem Wort „Beruf" verlieh. Den Ausgangspunkt für das neue Berufsverständnis bildet seine Kritik an den Mönchsgelübden.[19] Die Vorstellung, es gebe in der Christenheit einen Stand, dem kraft seiner Lebensform ein besonderer Weg zur Seligkeit verheißen sei, konnte vor den Grundeinsichten der reformatorischen Rechtfertigungslehre keinen Bestand behalten. Insofern bildet die Neuentdeckung der Rechtfertigungslehre auch den Schlüssel zur Neubewertung der menschlichen Arbeit. Das menschliche Handeln begründet keine Verdienste im Blick auf das Heil des Menschen. Wer seine Tätigkeit mit der Erwartung eines Lohns für solche Verdienste verbindet, verleugnet vielmehr den Kern des christlichen Glaubens. Hingegen ist die menschliche Arbeit Gottesdienst als Dienst am Nächsten und im Dienst am Nächsten. Dies verdeutlicht Luther am Begriff des Berufs: Alle weltliche Tätigkeit kann so ausgeübt werden, dass sie der Berufung

---

[19] Martin Luther, De votis monasticis (1521), in: Martin Luther, Luthers Werke in Auswahl, hrsg. von Otto Clemen, Bonn 1912, Bd. 2, S. 188 ff.

durch Gott zum guten Werk am Nächsten entspricht. Diese These verknüpft Luther mit seiner Übersetzung der berühmten Aussage des Paulus, jeder solle „in der Berufung" bleiben, „in der er berufen wurde" (1 Kor 7,20).

Wolfgang Reinhard hat im Blick auf die Geschichte des Worts „Beruf" die etwas spitze und auch spitzbübische Bemerkung gemacht, die Theologen hätten ihre Deutungshoheit über die christliche Lehre lange Zeit zugunsten des eigenen Standes ausgeübt und die Berufung zum ewigen Heil vor allem sich selbst zugeschrieben. Dennoch konnten sie schon im Mittelalter einer einfachen Einsicht nicht auf Dauer ausweichen, die Reinhard so formuliert: „Doch wenn die Weltleute, die nun einmal arbeiten müssen, diese Arbeit getreu verrichten, dann ist auch sie Gottesdienst und, weil auch sie zum ewigen Heil berufen sind *(per vocationem),* ihr göttlich legitimierter Beruf. *Nützliche und ehrliche Arbeit ist auch Gott wohlgefällig,* predigte Berthold von Regensburg schon im 13. Jahrhundert."[20] Doch auch mit einer solchen Anerkennung wurde die Vorrangstellung des geistlichen Standes und in ihm ganz besonders der Ordensleute nicht in Zweifel gezogen. Das geschah aber durch Luther, der allen Christen die Zugehörigkeit zu einem allgemeinen Priestertum und damit die gleiche *vocatio spiritualis,* die Berufung zur Gemeinschaft mit Gott im Glauben und mit dem Nächsten in der Liebe, zusprach. Jeder Christenmensch hat deshalb einen doppelten Beruf, den Beruf zum Glauben an Gott und zum Dienst am Nächsten. Weil sich beides in jeder christlichen Existenz verbindet, kann es keinen Rangunterschied zwischen den Berufen geben. Berühmt ist die Verdeutlichung dieser These am Beispiel der Hausmagd: „Aber wenn du eine geringe Hausmagd fragst, warum sie das Haus kehre, die Schüsseln wasche, die Kühe melke etc., so kann sie sagen: Ich weiß, dass meine Arbeit Gott gefällt, sintemal ich sein Wort und Befehl für mich habe, dass ich meinem Herrn und Frauen

---

[20] Reinhard, Die Bejahung (wie Anm. 7), S. 276.

soll gehorsam sein etc."[21] Der göttliche Ruf zur Liebe erreicht die Menschen in allen Ständen und Tätigkeiten. In jeder menschlichen Tätigkeit nämlich geht es darum, Gott zu ehren und eben deshalb: dem Nächsten zu dienen. Dieser innere Horizont macht eine Tätigkeit zum Beruf. Der wirksame Dienst am Nächsten und darin das Lob Gottes verleihen jeder Tätigkeit die gleiche Würde – sei diese Tätigkeit als hoch oder als niedrig angesehen, sei sie entlohnte Erwerbsarbeit, unbezahlte Familienarbeit oder dem Gemeinwohl gewidmete ehrenamtliche Arbeit.

Die Hochschätzung der Arbeit, die sich an den Luther'schen Begriff des Berufs knüpft, zeigt sich auch in der spezifischen Form, in der Luther Arbeit und Gebet miteinander verbindet. Er geht nicht von dem monastischen *ora et labora* aus, sondern von einem dem Hieronymus zugeschriebenen Satz, der sagt: „Alle Werke der Gläubigen sind Gebet" sowie einem von Luther bereits vorgefundenen Sprichwort, das heißt: „Wer treu arbeitet, der betet zweifach". Luther hält diese Aussagen für richtig und begründet das damit, dass ein gläubiger Mensch in seiner Arbeit Gott fürchtet und ehrt und an sein Gebot denkt, „damit er niemandem Unrecht tun noch ihn bestehlen oder übervorteilen oder ihm etwas veruntreuen möge."[22] „Faulheit, Unfleiß oder Bosheit" nennt Luther ausdrücklich als Gründe, die zu einer solchen Gleichgültigkeit gegenüber dem Gut des Nächsten oder, wie wir allgemeiner sagen können, dem Gemeinwohl führen können. Die Würdigung dessen, was ein Späterer zu Unrecht als „Sekundärtugenden" bagatellisiert hat, findet also bereits in Luthers Berufsverständnis ihren Platz.

2. Calvins Ethik lässt sich insgesamt als eine Ethik der Dankbarkeit bezeichnen. In dieser Hinsicht fasst der Heidelberger Katechismus, ein gerade für den deutschen Sprachraum wichtiges frühes Bekenntnisdokument der reformierten Kirchen, die Inten-

---

[21] Martin LUTHER, Predigt (1523/1539), in: Martin Luther, Sämtliche Schriften, hrsg. von Joh. Georg Walch, Bd. 9: Auslegung des Neuen Testaments, Nachdruck d. 2. Aufl., St. Louis, Missouri (USA) 1880–1910, Groß Oesingen 1987, S. 1209.

[22] LUTHER, Ausgewählte Schriften (wie Anm. 13), Bd. 2, S. 269.

tion Calvins gut zusammen, wenn er seinen ganzen dritten Teil, welcher Fragen des christlichen Lebens behandelt, unter die Überschrift „Von der Dankbarkeit" stellt und den Sinn der christlichen Existenz darin sieht, „dass wir mit unserm ganzen Leben uns dankbar gegen Gott für seine Wohltat erzeigen und er durch uns gepriesen werde".[23] Für Calvin selbst gehört es zu den Merkmalen christlichen Lebens, die Gaben Gottes in der Schöpfung zu nutzen und sich an ihnen zu freuen. Da sie auch die Gefahr des Missbrauchs in sich enthalten – sei es durch ausschweifenden Genuss oder durch übertriebene Askese –, ist der vernünftige und maßvolle Gebrauch dieser Gaben entscheidend. In dieser Dankbarkeit kommt die christliche Freiheit zum Ausdruck, die nach Calvins Auffassung aus drei Elementen besteht: der Freiheit von der Verurteilung durch das göttliche Gesetz, der Möglichkeit, aus freien Stücken Gott zu lieben und den Nächsten wie sich selbst, und schließlich dem eigenständigen Umgang mit den „Adiaphora", den „Mitteldingen", für die es kein bestimmtes Gebot gibt. Kirchliche Zeremonien, Fragen des Lebensstils und der Essgewohnheiten, aber auch Klugheitsfragen wirtschaftlicher Art gehören zu diesen Adiaphora, die selbständig aus der Perspektive christlicher Verantwortung zu entscheiden sind.[24]

Aus diesen drei Elementen christlicher Freiheit erklärt sich auch Calvins Umgang mit wirtschaftsethischen Fragen, der bemerkenswerte Parallelen zu Luther aufweist. Auch ihn beschäftigen die Fragen von Eigentum, Gewinn und Zins. Sein Ausgangspunkt besteht darin, auch in Besitz und Wohlstand Gaben Gottes zu sehen, die zur gegenseitigen Unterstützung einzusetzen sind. Doch sind gerade diese Gaben der Verkehrung durch die Sünde ausgesetzt. Dann führen sie zu ausuferndem Luxus auf der einen und Unter-

---

[23] Frage 86, zitiert nach: MAU, Evangelische Bekenntnisse, 2 Bde., 2. Auflage Bielefeld 2008, Bd. 2, S. 164.

[24] Vgl. Johannes CALVIN, Unterricht in der christlichen Religion. Institutio Christianae Religionis, hrsg. von Matthias Freudenberg, Neukirchen 2008, Teil 3, 19.

drückung der Armen auf der anderen Seite.[25] Deshalb band Calvin die Zulässigkeit des Zinsnehmens, zu der er sich gleichwohl entschloss, an eine Reihe strikter Bedingungen, die im Kern darauf hinauslaufen, dass Recht und Billigkeit gewahrt und das Schicksal der Armen berücksichtigt wird (Brief von 1545).

Damit verbindet sich auch bei Calvin die Parteinahme für die Schwachen. Dabei appellierte er nicht nur an die Bereitschaft der einzelnen, den Armen zur Seite zu stehen, sondern forderte die Regierungen auf, Mindeststandards für das wirtschaftliche und soziale Leben festzulegen. Dazu gehörte die Preiskontrolle bei Grundnahrungsmitteln, zu denen Calvin auch den Wein zählte, die Festsetzung von Höchstgrenzen bei der Arbeitszeit, die Befürwortung von Lohnerhöhungen, die Umschulung von Arbeitslosen, die kostenlose medizinische Versorgung der Armen und sofort.

Calvin hat in seinem Verständnis von Arbeit und Beruf die Dynamik der wirtschaftlichen Entwicklung stärker berücksichtigt, als dies bei Luther der Fall ist. Doch die Idee, dass der berufliche Erfolg die Gewissheit des Heils zu verbürgen vermag, begegnet uns weder bei Calvin noch bei Luther. Das ist auch nicht verwunderlich; denn die kühne Theorie der doppelten Prädestination – zum Heil oder zum Unheil – hat bei Calvin ja vor allem den Sinn, Gottes Souveränität zu wahren und Gottes Gnade, um mit Dietrich Bonhoeffer zu sprechen, nicht zur „billigen Gnade" werden zu lassen.[26] Diese Intention würde aus Calvins Sicht geradezu ausgehebelt, wenn man erwartete, aus den Erfolgen der eigenen Berufstätigkeit des göttlichen Heils gewiss werden zu können. Denn diese Gewissheit liegt allein in Christus und nicht im eigenen Handeln.

---

[25] Vgl. dazu Dolf Britz, Politik und soziales Leben, in: Herman J. Selderhuis, Calvin Handbuch, Tübingen 2008, S. 431–442, hier S. 433.

[26] Dietrich Bonhoeffer, Nachfolge. Eine theologische Spurensuche, Gütersloh 1989, S. 29.

III. Wirtschaft für den Menschen
und verantwortete Freiheit

Die Beschäftigung mit der reformatorischen Wirtschaftsethik ist
für das fünfhundertjährige Jubiläum der Reformation schon deshalb von zentraler Bedeutung, weil sich an ihr exemplarisch zeigt,
welche große Bedeutung die Rechtfertigungsbotschaft für das
Weltverhältnis der Christen hat. Die durch Gottes Gnade eröff-
nete Freiheit bewährt sich im Beruf und in der verantwortlichen
Gestaltung der wirtschaftlichen Bedingungen für das gesellschaftliche Zusammenleben.

Die Probleme einer funktional ausdifferenzierten Gesellschaft,
in der die Wirtschaft ihrer Eigenlogik folgt, und die Verschärfung
dieser Problematik durch die Globalisierung der Wirtschaft konnten die Reformatoren noch nicht im Blick haben. Dennoch hatten
schon sie keineswegs die Vorstellung, man könne aus biblischen
Geboten auf direktem Weg eine Wirtschaftsethik ableiten. Sie waren stärker an der Idee orientiert, dass man die gegebene Wirklichkeit am biblischen Ethos kritisch prüfen und von dort ausgehend
die praktische Vernunft bei der Suche nach besseren Lösungen
einsetzen solle. Im Bild gesprochen kann man die Bedeutung, die
der christlichen Ethik für die Ausbildung einer Wirtschaftskultur
zukommt, in deskriptiver wie in programmatischer Hinsicht in
das Bild eines Gewebes fassen, wofür die englische Sprache den
schönen Ausdruck *fabric* verwendet. So wie ein Webstück aus
Kette und Schuss besteht, so ist auch der gesellschaftliche Zusammenhalt auf ein Gewebe angewiesen, das aus der Kette grundlegender Überzeugungen und normativer Orientierungen sowie
dem Schuss gegebener Bedingungen und funktionaler Notwendigkeiten besteht. Das Handeln aus verantworteter Freiheit bedarf der
Fähigkeit, das eine mit dem anderen zu verbinden. Diese Fähigkeit
muss immer wieder neu erworben und situationsgerecht einge-
setzt werden. Bei dem Versuch, dieser Aufgabe gerecht zu werden,
kann man in zwei Richtungen vom Pferd fallen: in der Meinung,
ethische Regeln für angemessenes Verhalten ließen sich direkt und

umstandslos aus grundlegenden Überzeugungen entwickeln, aber auch in der Meinung, das gebotene Handeln erschöpfe sich darin, sich der Eigengesetzlichkeit des jeweiligen gesellschaftlichen Teilbereichs anzupassen. Der reformatorischen Theologie in ihrer lutherischen Prägung hat man im vergangenen Jahrhundert häufig unterstellt, sie habe – unter Berufung auf Luthers Zwei-Reiche-Lehre – eine besonders ausgeprägte Neigung dazu, den Obrigkeitsgehorsam als politische Handlungsmaxime mit der Unterwerfung unter die Eigengesetzlichkeit der Wirtschaft zu verbinden. Gegenwärtig zeigt sich jedoch mindestens ebenso deutlich die gegenläufige Tendenz. Sie nutzt die kräftige Sprache des Reformators als Aufruf zu wirtschaftsethischer Fundamentalkritik.

Daran ist zunächst zu beherzigen, dass aktuelle Tendenzen durchaus Anlass zu grundlegender Kritik geben. Ein verselbständigter Finanzkapitalismus folgt der Regel: „Finance finances finance". Er entkoppelt Profite von realwirtschaftlicher Leistung; deshalb verträgt sich die Maximierung von Gewinnen mit der Verarmung ganzer Bevölkerungsteile. Die anglikanische Theologin Kathryn Tanner, Professorin an der Yale University, hat das im Mai 2016 zum Thema der prominenten Gifford Lectures in Edinburgh gemacht. Diese Vorlesungen sind bisher leider nicht schriftlich, sondern nur als Videostream zugänglich.[27] Doch ihr Titel spricht für sich; er heißt: „Christianity and the New Spirit of Capitalism".[28] Aus der Wahlverwandtschaft, von der Max Weber sprach, wird ein Konflikt.

Einen Konflikt erkannten bereits die Reformatoren. Doch während Luther auf dem Weg paradoxer Kommunikation gerade die Balance zwischen dem radikalen Glaubenseinspruch und der Berücksichtigung wirtschaftlicher Vernunft zu halten versuchte,

---

[27] Kathryn TANNER, Christianity and the New Spirit of Capitalism. Videostream: http://www.giffordlectures.org/lectures/christianity-and-the-new-spirit-capitalism (letzter Abruf Januar 2017).

[28] Ebd.; siehe auch Kathryn TANNER, Inequality and Finance-Dominated Capitalism. Recommendations for Further Reading, in: Anglican Theological Review 98 (2016), S. 157–173.

begnügt ein Teil seiner Nachfolger sich mit der Anknüpfung
an den radikalen Ton der Kritik. Nicht nur Kathryn Tanner hat
diesen Weg eingeschlagen. Programmatisch geschieht Vergleich-
bares auch in einem auf das Reformationsjubiläum 2017 zielenden
Vorhaben mit dem Titel „Die Reformation radikalisieren / Radi-
calizing Reformation".[29] „Ihr könnt nicht Gott dienen und dem
Mammon" (Matth 6,24) ist das Leitwort für 19 der 94 Thesen,
die diesem Projekt vorangestellt sind. Dieser Teil der Thesen beginnt mit den Sätzen: „Mindestens zwei Milliarden Menschen sind
verarmt unter der Herrschaft des Geldes. Diese ist der heutige
Ausdruck des Mammon und damit die zentrale Herausforderung
des Glaubens."[30] Den Ruf zur Umkehr, mit dem Martin Luthers 95 Thesen beginnen, konkretisieren diese Thesen deshalb
folgendermaßen: „Das bedeutet für heute, dass wir täglich persönlich und gesellschaftlich aus der zerstörenden Geldherrschaft
aussteigen und – vertrauend auf die befreiende Gerechtigkeit
Gottes – mitfühlend und solidarisch in gerechten Beziehungen
mit den anderen Menschen und Kreaturen leben."[31] Nicht Hand-
lungsmaximen für wirtschaftliche Akteure oder das Bemühen um
globale Regulationen angesichts einer globalisierten Wirtschaft,
sondern persönliches „Aussteigen" gilt als entscheidende Antwort
auf die Mammonsherrschaft der Gegenwart. Solches Aussteigen
verdient als persönliche Haltung Respekt; und es hat, wie historische Beispiele zeigen, schon manches Mal eine Vorreiterfunk-
tion übernommen. Doch eine wirtschaftsethische Reflexion kann
sich nicht auf Entscheidungen beschränken, die einzelne für sich
treffen können, die aber für eine Verallgemeinerung nicht tauglich
sind. Sie muss auch die Ebene der persönlichen Entscheidung mit
anderen Handlungsebenen verknüpfen, nämlich insbesondere der
Wahrnehmung von Handlungsspielräumen durch Wirtschaftssub-
jekte, der politischen Regulierung von Rahmenbedingungen und

---

[29] Ulrich Duchrow u. a. (Hrsg.), Die Reformation radikalisieren / Radi-
calizing Reformation, 5 Bde., Berlin 2015.
[30] Ebd., Bd. 5, S. 24.
[31] Ebd., Bd. 1, S. 28.

der soziokulturellen Verständigung über verantwortbare Ziele und vertretbare Regeln wirtschaftlichen Handelns. Die mit diesen verschiedenen Ebenen verbundenen Fragen sind mit der Bereitschaft zum persönlichen Aussteigen noch nicht beantwortet. Wenn der ethische Impuls der Reformation sich auf verantwortete Freiheit richtet, dann ist damit nicht nur die wahrgenommene Freiheit des Gewissens, sondern ebenso die gestaltete Freiheit in Gesellschaft, Wirtschaft und Staat – und natürlich ebenso auch in der Kirche – gemeint. Für die Beschränkung auf eine appellative Ausstiegsperspektive gilt auch heute Max Webers scharfe Beobachtung: „Je prinzipieller […] eine Religiosität ihren Gegensatz gegen den ökonomischen Rationalismus als solchen empfindet, desto näher liegt dem religiösen Virtuosentum als Konsequenz die antiökonomische Weltablehnung.“[32]

Die evangelische Sozialethik in Deutschland hat, soweit sie in kirchlichen Denkschriften ihren Niederschlag findet, in den letzten Jahren einen anderen Weg eingeschlagen. Er zeigt sich im Miteinander von drei Themen, die im letzten Jahrzehnt in der Form von Denkschriften bearbeitet worden sind. Das lässt sich bei aller Unvergleichbarkeit der Ausgangsbedingungen an den Themen illustrieren, die schon für die reformatorische Wirtschaftsethik zentral sind: der Kritik an Exzessen des Finanzkapitalismus, der Parteinahme für die Armen und der Wertschätzung von Arbeit und Beruf.

In der Finanzmarktkrise 2008/2009 hat die EKD sich mit der Einschätzung zu Wort gemeldet, dass diese Krise genauso wie die Umweltkrise und der Klimawandel nur in der Bereitschaft zu einem grundlegenden Wandel gemeistert werden kann.[33] Der Leitgedanke verantworteter Freiheit bedeutet dabei, dass die Entkoppelung von Risiko und Haftung überwunden werden muss. Bankenrettungen und Konjunkturprogramme sind gemessen an

---

[32] Weber, Wirtschaft und Gesellschaft (wie Anm. 6), S. 125.

[33] Wie ein Riss in einer hohen Mauer. Wort des Rates der Evangelischen Kirche in Deutschland zur globalen Finanzmarkt- und Wirtschaftskrise, Hannover 2009.

dieser Aufgabe nur kurzfristige Maßnahmen. Mittelfristig ist eine
wirksame Regulierung der internationalen Finanzmärkte erfor-
derlich. Langfristig müssen die Risiken für künftige Generationen
sowie für die armen Länder gebändigt werden. Die EKD spricht
sich für das Leitbild einer international verantworteten, nachhal-
tigen sozialen Marktwirtschaft aus.

Schon 2006 wurde in der Denkschrift „Gerechte Teilhabe" das
Problem der Armut in einem reichen Land aufgenommen.[34] Die
entscheidende Beobachtung besteht darin, dass Verteilungs- oder
Umverteilungsmaßnahmen zwar die Folgen von Armut lindern,
ihre Ursachen aber nicht beheben können. Armut ist fehlende
Teilhabe. Deshalb rückt der Begriff der Beteiligungsgerechtigkeit
ins Zentrum, der mit innerer Notwendigkeit denjenigen der Be-
fähigungsgerechtigkeit einschließt. Für wirksame Armutsbekämp-
fung rückt – wie schon in der Reformation – gute Bildung für alle
ins Zentrum. Sie bildet die entscheidende Voraussetzung dafür,
dass Menschen zu Eigenverantwortung und Solidarität befähigt
werden.

Die Tradition des reformatorischen Berufsverständnisses wird
in zwei Richtungen fruchtbar gemacht. Zum einen geht es um eine
neue Würdigung unternehmerischer Initiative. Für manche über-
raschend knüpft die Unternehmer-Denkschrift von 2008 unmittelbar an den reformatorischen Berufsbegriff an und spricht von
einer „Berufung" zu unternehmerischem Handeln, nämlich dazu,
die dem Einzelnen anvertrauten Gaben in der Verantwortung für
sich und andere unternehmerisch einzusetzen. Dem tritt 2015 die
Denkschrift über Solidarität und Selbstbestimmung im Wandel
der Arbeitswelt zur Seite.[35] Sie orientiert sich an der Maxime der
gerechten Teilhabe an Erwerbsarbeit. Dafür brauchen die Einzel-

---

[34] Gerechte Teilhabe. Befähigung zu Eigenverantwortung und Solidarität. Eine Denkschrift des Rates der EKD zur Armut in Deutschland,
Gütersloh 2006.

[35] Solidarität und Selbstbestimmung im Wandel der Arbeitswelt. Eine
Denkschrift des Rates der Evangelischen Kirche in Deutschland (EKD) zu
Arbeit, Sozialpartnerschaften und Gewerkschaften, Gütersloh 2015.

nen die Chance, ihre Fähigkeiten zu entfalten und Kreativität zu entwickeln. Die Kultur der Beruflichkeit und ein entsprechendes Arbeitsethos gelten für abhängige Beschäftigung genauso wie für unternehmerische Tätigkeit. Ausdrücklich werden auch Familienarbeit und zivilgesellschaftliches Engagement in den Berufsbegriff einbezogen. Die Weiterentwicklung der Sozialpartnerschaft und Fragen der internationalen Verantwortung werden gewürdigt. Die Digitalisierung der Arbeit wird erwähnt; aber hier zeigt sich ein neues Themenfeld, das in der Sozialethik der Kirchen noch auf eingehende Bearbeitung wartet.

Der verantwortliche Umgang mit den Instrumenten des Finanzmarkts, die vorrangige Option für die Armen und die Würdigung unternehmerischer, freiberuflicher wie abhängiger Beschäftigung erweisen sich als Felder, in denen die reformatorische Wirtschaftsethik sich als fruchtbar erweist. Die verbreitete Verengung des Berufsbegriffs muss man dabei überwinden, damit auch in der Familienarbeit oder in ehrenamtlichen Tätigkeiten ein Beruf wahrgenommen wird: ein Dienst am Nächsten zur Ehre Gottes. Dass solches tätiges Leben im Dienst am Nächsten heute in der Vielfalt seiner Formen von neuer Aktualität ist, lässt sich nicht bestreiten.[36] Das Ausmaß, in dem zivilgesellschaftliches Engagement zu einer solchen Auffassung von menschlicher Tätigkeit beiträgt, ist uns zuletzt im Zusammenhang mit der Aufnahme von Flüchtlingen bewusst geworden.

Natürlich darf ein Rückgriff auf reformatorische Impulse den Abstand eines halben Jahrtausends nicht ignorieren. Die im Zuge gesellschaftlicher Differenzierung sich entfaltende Eigenlogik gesellschaftlicher Teilbereiche konnte den Reformatoren nicht vor Augen stehen. Eine einfache Deduktion wirtschaftsethischer Empfehlungen aus reformatorischen Prämissen verbietet sich auch aus anderen Gründen. Doch das Anregungspotential der reformatorischen Impulse kann das Nachdenken über eine „Wirtschaft für

---

[36] Vgl. Torsten MEIREIS, Tätigkeit und Erfüllung. Protestantische Ethik im Umbruch der Arbeitsgesellschaft, Tübingen 2008, S. 511.

den Menschen" voranbringen. Wichtig ist dieser Leitgedanke nicht
nur, weil er daran erinnert, dass der Zweck der Wirtschaft nicht
einfach in der Steigerung des Kapitalertrags, sondern zu allererst
darin besteht, Güter und Dienstleistungen bereitzustellen, die von
Menschen benötigt werden und für sie nützlich sind. Mit gleichem
Gewicht gehört es zu einer „Wirtschaft für den Menschen", dass
jeder Mensch seinen Ort im tätigen Leben findet, an dem er durch
den Einsatz seiner Gaben wie durch den Dienst am Nächsten sein
Leben sinnvoll gestalten kann. Eine Wirtschaft für den Menschen
zielt damit auf eine grundsätzlich unabschließbare, der Mannig-
faltigkeit menschlicher Individualität entsprechende Vielfalt von
Tätigkeiten und Tätigkeitsformen, die zu einer sinnvollen und er-
füllungsoffenen Gestaltung des menschlichen Lebens beitragen.[37]

---

[37] MEIREIS, Tätigkeit (wie Anm. 36), S. 90. 511.

Reformatorische Ethik
zwischen Logik der Wirtschaft
und Privatautonomie des Lebensalltags

UDO DI FABIO

1. Religion und Wirtschaft:
Ihr ko-evolutionärer Weg in die Neuzeit

Seit Max Weber und Ernst Troeltsch kennen wir die These vom genetischen Zusammenhang zwischen innerweltlicher protestantischer Askese, dem Geist des Protestantismus und einer bestimmten Wirtschaftsethik.[1] Nicht erst am heutigen Tag wird diese These bestritten oder differenziert, dies war bereits das Werk der Zeitgenossen.[2] Die Kausalitäten und wesentlichen Bestimmungsfaktoren müssen gewiss wirtschaftshistorisch und regional vergleichend vorgenommen werden, aber grundlegende Zusammenhänge sind von Einzelfeldern oder besonderen Re-

---

[1] Die längerfristigen Interdependenzen der neuzeitlichen Ausdifferenzierung von Religion mit ihrem Versuch, den auch wirtschaftlich bestimmten Lebensalltag durch Glauben zu rationalisieren, wird nicht nur von Max Weber und Ernst Troeltsch (Die Bedeutung des Protestantismus für die Entstehung der modernen Welt, Tübingen 1911) thematisiert, sondern später auch etwa von Hans BLUMENBERG, Die Legitimität der Neuzeit, Frankfurt a. M. 1996; Karl LÖWITH, Weltgeschichte und Heilsgeschehen. Die theologischen Voraussetzungen der Geschichtsphilosophie 7. Aufl., Stuttgart 1979 oder von Charles TAYLOR, A Secular Age, Cambridge (Mass.) 2007.

[2] Friedrich Wilhelm GRAF, Interdependenzen von Religion und Wirtschaft, in: Handbuch der Wirtschaftsethik, Bd. 1.2 (2009), S. 567 (654).

gionen mit scheinbar gegenläufigen Entwicklungslinien nicht
notwendig betroffen. Ein grundlegender Zusammenhang liegt in
der Entwicklungslogik der neuzeitlichen Gesellschaftsarchitektur
und in universalen Zusammenhängen jeder sozialen Interaktion.
Universell gilt, dass jede menschliche Gesellschaft ein Sinnsystem
entwickelt, das die Rolle und Stellung des Einzelnen, seine Identität mit einer überspannenden Gemeinschaftsperspektive und
Weltdeutung verbindet. Der unmittelbare Lebensalltag im persönlichen Bereich ist deshalb niemals unverbunden mit wirtschaftlichen, politischen, rechtlichen und kulturellen Ordnungs-
vorstellungen und transzendenten Welterklärungen. Da heute
die Geisteswissenschaften aus dem Schatten eines naturwissen-
schaftlichen Kausaldenkens, von Geschichtsteleologie und De-
terminismus getreten sind, kommt es nicht so sehr darauf an,
ob zuerst die Henne oder das Ei da war. Haben Luther oder
Calvin mit der protestantischen Schrift- und Weltdeutung eine
Alltagsethik auf den Weg gebracht, die entweder eine wesentliche
Bedingung oder doch wenigstens ein Katalysator der modernen
Gesellschaftsorganisation, insbesondere der kapitalistischen
Wirtschaftsordnung war? Oder waren sie selbst bereits Kinder
der Neuzeit? Wären ohne die merkantile, politische und kulturelle
Entwicklung im Spätmittelalter die Erschütterungen im religiösen
Glaubenssystem und die Antworten der Reformatoren überhaupt
denkbar und praktisch erfolgversprechend gewesen? Natürlich
kann es unter der Prämisse kausaler Darstellung historischer
Prozesse auch genau umgekehrt gewesen sein. Danach könnte
die Merkantilisierung der Alltagskulturen insbesondere in den
Handelsstädten und die frühneuzeitliche Ausdifferenzierung der
Geldwirtschaft eine Voraussetzung für Autonomiegewinne nicht
nur im politischen, sondern auch im religiösen Bereich gewesen
sein. Dass die Reformation mehr wurde als irgendeine kirchliche
Reformbewegung oder als ein weiteres Kapitel in der Geschichte
erfolgloser Häresien, liegt an den bereits weit vorangeschrittenen
Modernisierungsprozessen der frühneuzeitlichen Gesellschaften,
die wie in einer schweren Geburt von Ausdifferenzierungspro-

zessen und Entdifferenzierungsversuchen hin und her geschüttelt wurden.[3]

Eine dem heutigen Forschungsstand angemessene Betrachtung dürfte den Übergang zur Neuzeit als eine Ko-Evolution maßgeblicher sozialer Interaktionssphären begreifen. Es geht eben nicht um monokausale Erklärungen, im Stil des Hammersymbols: Luther tritt auf die Bühne, schwingt den Hammer des Thesenanschlags, erschüttert die alte Ordnung und lässt den Geist von Kapitalismus und Staatsrationalität, von Religionsfreiheit und Menschenrechten wachsen. Solche heroischen Erzählungen taugen allenfalls für Kinderbücher. In Wirklichkeit dürfte es sich um Veränderungen der Knotenpunkte im Netz interdependenter wechselseitiger Ermöglichungsbedingungen gehandelt haben. Mit der Alltagserfahrung der oberitalienischen Handelsstädte oder derjenigen Flanderns, Paris', Londons oder der Hanse wächst die Förmlichkeit von Vertragsbeziehungen, die den anderen ungeachtet seiner Herkunft zum gleichberechtigten Vertragspartner machen, der mit dem Römischen Recht eine ehrwürdige Beglaubigung und differenzierte Rechtsinstitutionen zur Verfügung gestellt bekommt.[4] Bereits der Renaissancehumanismus und die beginnende Rationalisierung politischer Macht wie bei Machiavelli verändern das Gefüge.

2. Geldwirtschaft, Privatautonomie und die Entdeckung der Person

In Venedig wurden seit 1450 mehr Bücher gedruckt als in jeder anderen Stadt Europas, Peter Burke spricht in seinem Buch über

---

[3] Vgl. Detlef POLLACK, Differenzierung und Entdifferenzierung als modernisierungstheoretische Interpretationskategorien, in: Karl Gabriel / Christel Gärtner / Detlef Pollack, Umstrittene Säkularisierung. Soziologische und historische Analysen zur Differenzierung von Religion und Politik, Berlin 2012, S. 545 ff.

[4] Zum Vordringen rationalistisch-formaler Denkweisen: Max WEBER, Wirtschaft und Gesellschaft, Studienausgabe, Tübingen 1980, S. 468 ff.

die europäische Renaissance von einer Millionenauflage, über-
wiegend lateinische Klassiker. Die Hochrenaissance wird von
Leonardo, Raffael und Michelangelo geprägt, von Erasmus und
Dürer.[5] Überall in Kunst und Kommerz herrschen Wettbewerb
und Regelbildung.[6] Die erst seit dem 12. Jahrhundert überhaupt
wieder in Gang gekommene, den Alltag jedenfalls der Handels-
zentren betreffende Geldwirtschaft brachte im 14. Jahrhundert
den Wechsel und Banken hervor, hatte mit Beginn der Neuzeit
die Tauschwirtschaft hinter sich gelassen und drückte mit ihrer
Dynamik auf das System feudaler persönlicher Bindungen. Die
„Entdeckung der Person" in der Wiederaneignung des Römischen
Rechts (Rezeption)[7] leistet einen wichtigen, wenn nicht fundamen-
talen Baustein der sich neu findenden Gesellschaftsordnung.[8] Mit
der Merkantilisierung, der Wiederverbreitung der Geldwirtschaft[9]
und der Zunahme formalisierter Vertragsbeziehungen wurde die
Person als Rechtssubjekt jedenfalls in den städtischen Zentren all-
täglich erfahrbar und veränderte die alltagskulturelle Erfahrungs-
welt. Man muss sich den Umbruch einer mittelalterlichen Welt,
die außerhalb der Metropolen Europas noch über Jahrhunderte
fortbestand, gerade im Vergleich zur städtisch entwickelten Geld-

[5] Peter BURKE, Die Europäische Renaissance, München 1998, S. 86.
[6] BURKE, Die Europäische Renaissance (wie Anm. 5), S. 99.
[7] Marietta AUER, Der privatrechtliche Diskurs der Moderne, Tübingen 2014, S. 15.
[8] Zum analytischen Charakter und zum rechtsgeschäftlichen Formalismus des Römischen Rechts vgl. WEBER, Wirtschaft und Gesellschaft (wie Anm. 4), S. 464.
[9] Die im Römischen Reich entwickelte Geldwirtschaft war im frühen Mittelalter eingebrochen und auf Naturaltausch und im Lehnssystem geschuldete Dienstleistungen maßgeblich umgestellt worden, ohne dass das Geld völlig verschwand. Im Hoch- und Spätmittelalter prägen sich im Alltag umlauffähige Münzen mit geringem Nennwert (wie zum Beispiel der Heller) aus und in den oberitalienischen Städten beginnt der geldlose Kapitalverkehr mit dem bereits im 13. Jahrhundert eingebürgerten Wechsel und der Entstehung von Banken, die allmählich das Zinsverbot mit der italienischen Erfindung der mons pietatis überwinden. Matthias SCHMÖCKEL, Rechtsgeschichte der Wirtschaft, Tübingen 2008, S. 33.

wirtschaft aus der Perspektive der Akteure vorstellen: Wer sich als Bauer oder Leibeigener in feudalen Herrschaftsverhältnissen befand, schaute auf den Herrn und auf die Natur, bekam beides von der Kirche als gottgegeben erklärt, seine Position, seine Rolle, seine Familienbande. Die Abhängigkeit von Herkunft, Scholle und Herrschaft schien unveränderbar. Eine ganz andere Lebenswelt entsteht, wenn Handwerk und Handel geldbasiert tauschen, Verträge geschlossen werden und man sich in beiden Sphären förmlich rational begegnet.

Die personale Beziehung, die von der Kirche sakralisierten Traditionsbestände und Herrschaftsstrukturen treten dabei in den Hintergrund, werden als plastisch und letztlich dann wieder – im Geist der Renaissance – schon republikanisch, wenngleich aber aristokratisch und oligarchisch und noch nicht demokratisch, verstanden. Entscheidend ist die neue städtische Beziehung von wirtschaftlicher Existenzsicherung durch Handelsgeschäfte und geldbasierter Tauschwirtschaft in den Formen des Vertragsrechts und der zugrundeliegenden Vorstellung der Rechtssubjektivität und Privatautonomie der Beteiligten. Alltägliche Erfahrungen des Erfolges und Misserfolges, der Not, Knappheit einerseits und der Akkumulation, Eigentumsbildung und des Wohlstandes andererseits prägen eine neue individualisierte und instrumentell-strategische Weltsicht. Die Formalität der Logik des Geldes und die Formalität der Vertragsbeziehungen prinzipieller Gleichheit (auch unter der Erfahrung materieller Ungleichheitsbedingungen) sickern in die tradierten Bestände sozialer Sinngebung und Weltdeutung. Es entstehen neue Perspektiven, die mit der in der Malerei sich durchsetzenden Zentralperspektive auf den Beobachter gerichtet ihren künstlerischen Ausdruck finden, ebenso wie mit einer Personalisierung und Veralltäglichung der abgebildeten Gegenstände.

Die merkantile Kultur des Seehandels gibt den Takt an. Sein Wagemut, sein unternehmerisches Kalkül, seine Verbindung von Gier und Neugier prägen in Oberitalien, in Rotterdam, in Spanien und Portugal oder in London jenen europäischen Expansionsdrang, der zum Kennzeichen der frühen Neuzeit wird. Der Geist

der Neuzeit entfaltet sich in den Rationalitätsformen von Geldwirtschaft und Vertragsrecht im besonderen Ambiente des Renaissancehumanismus, der den Menschen als Schöpfer seines eigenen
Schicksals und der Welt versteht, als Bildhauer, der Kraft seines
Willens und Könnens über sich und die bekannte Welt hinaus-
wächst. Die künstlerische Erzählung, bildende Kunst, Literatur
und der alltägliche Wirtschaftsgeist formen sich Denkmuster und
Institutionen, die Personalität und Individualität immer stärker
machen und damit die Logik der hergebrachten, im Kollektiven
denkenden Ordnung unterspült und herausfordert. Dabei wird
nicht alles selbst erfunden, sondern die Neuzeit ist gerade deshalb
so erfolgreich, weil sie nicht voraussetzungslos neu anfangen muss,
sondern sich der Schätze der Antike, etwa in den Institutionen des
römischen Privatrechts oder der antiken Philosophie bedienen
kann.

3. Alte Kirche zwischen den Stühlen der Epochen

Die Kirche in Rom befand sich im Zentrum des Renaissance-
geschehens, die Stadt Rom war mehr Akteur, als ein ferner Re-
zipient. Die alte Kirche wird dort in gewisser Hinsicht rascher
„neuzeitlich", als insbesondere der ländliche Rest Europas – und
genau das wird zum Problem. Die Kirche in Rom hält an der Uni-
versalitätsidee des Mittelalters selbstverständlich fest, aber schon
längst in neuzeitlichem Ambiente und mit entsprechenden Instrumenten: Sie verfolgte die Erringung und Verteidigung eigener politischer Macht (sowohl universell mittelalterlich als auch neuzeitlich territorial) und den Anschluss an die Geldwirtschaft nicht nur
durch Kommerzialisierung der bischöflichen oder klösterlichen
Grundherrlichkeit, sondern vor allem durch den „modernen" Ablasshandel.[10] Die eigentümliche Querstellung Luthers zwischen

---

[10] Das Traktat „Freiheit des Sermons päpstlichen Ablass und Gnade
belangend" bildet das vielleicht entscheidende Scharnier zur folgenreichen

den Zeitaltern hat ja auch ihren Grund darin, dass er gegen die Gottlosigkeit einer alten Kirche rebelliert, die sich in frühneuzeitlichen Bedingungen machtvoll und reich einrichtet, anstatt an der mittelalterlichen *universitas christiana* in Frömmigkeit und Demut festzuhalten, mit einer gewissen Neigung zur Welttranszendenz und Askese, in der vor allem klösterlich angeleiteten Lebenspraxis. Auch wenn Luther selbst nicht die harte Askese im calvinistischen und puritanischen Sinne gepredigt hat, so kann doch seine Berufs- und Pflichtethik als eine folgenreiche Abwehrreaktion auf die Akkumulation von politischer und wirtschaftlicher Macht und Pracht durch die Römische Kirche gelesen werden. Gerade auch im Heiligen Römischen Reich ist die öffentliche Wahrnehmung einer sittlichen Verwahrlosung Roms mit Intrigen, Pfründewirtschaft und Korruption ein machtpolitischer Faktor, der den Kaiser hindert, mit Gewalt gegen Luther vorzugehen, weil dabei mit allgemeinem Aufruhr zu rechnen war. An der Seite einer diskreditierten und desolaten Kirche konnte der Kaiser gegen die erstarkte territoriale Fürstenherrschaft und ihre zunehmende bürgerliche Öffentlichkeit nicht risikolos vorgehen.[11] Es ist damit nicht nur der frühneuzeitliche Prozess der Staatsbildung, der Luthers Leben schützt und für die Verbreitung der Reformation sorgt; dafür sorgen auch die sich ausdifferenzierende Wissenschaft und Wirtschaft: es sind Studenten und Kaufleute, die Luthers Lehren verbreiten und dabei in Dänemark oder Schweden besonders erfolgreich sind, deren Wirken aber zum gesamteuropäischen Ereignis wird.[12]

Forderung „sola scriptura", siehe dazu auch Volker LEPPIN, Die fremde Reformation. Luthers mystische Wurzeln, München 2016, S. 94 f.

[11] Zu diesem Zusammenhang (und auch zu außenpolitischen Hindernissen wie dem Vordringen der osmanischen Herrschaft) siehe Volker REINHARDT, Luther der Ketzer. Rom und die Reformation, München 2016, S. 193.

[12] Siehe dazu Anton GRABNER-HAIDER / Klaus S. DAVIDOWICZ / Karl PRENNER, Kulturgeschichte der frühen Neuzeit. Von 1500–1800, Göttingen 2014, S. 27.

4. Erschütterte Welt und reformatorische Ethik personaler Verantwortung im Horizont göttlicher Gnade

Die Reformation reagiert auf einen bereits länger wirksamen epochalen Übergang, der mit einer Erschütterung und Desavouierung von tradierten Ordnungen – verbunden mit psycho-sozialen Orientierungskrisen – und mit der Genese neuer Ordnungsmuster und Mächte einhergeht. Zu Beginn des 16. Jahrhunderts ist die Welt zerrissen zwischen dem Alten und dem Neuen, die Menschen suchen nach ihrem Platz in der neuen Ordnung und nach Heilsgewissheit. Gegen den Ablasshandel als die Vermarktung der Unsicherheit und der Angst tritt der neue evangelische Gottesglaube bereits in individualisierter Form auf, bedient sich also nicht nur der neuen Möglichkeiten des Buchdrucks, der Mobilität, der sich ausbreitenden Geld- und Handelswirtschaft, sondern übernimmt auch die Vorstellung der Zentralität der Person als Rechtssubjekt, indem die unmittelbare Beziehung zu Gott über einen durch die Schrift rationalisierten Glauben in den Vordergrund gestellt wird.

Die reformatorische Ethik ist im Ansatz keine Ethik der Harmonie weltlicher Ordnungen, sondern eine, die von der existentiellen Geworfenheit, ja der Verzweiflung des vereinzelten Menschen ausgeht, der den Glauben an die alten Institutionen verliert und noch keine neuen verlässlich vorfindet, sich also auf sich selbst besinnt und nach verbindlichen Quellen der Glaubensgewissheit und praktischen Lebensführung sucht. Ohne die Gnade durch den Glauben ist das Seelenheil und der Friede nicht zu gewinnen. Wie bestimmend Gnade im Verhältnis zum freien Willen zu gewichten ist und mit welchen Konsequenzen für die Möglichkeit und Zentralität privatautonomen Handelns – darüber wurde gestritten und wäre auch heute zu streiten. Aber der Protestantismus unter Luther bestreitet nicht jenen entscheidenden Schritt in die Neuzeit, der mit der Zentralität der Person markiert ist,[13] wie schon in der

---

[13] Hans JOAS, Die Sakralität der Person, Berlin 2011, nimmt ein großes

Perspektive auf den Beobachter des Kunstwerks oder in Ethik und Recht, wo das Individuum als Rechtssubjekt in seiner moralischen Qualität betont wird.[14] Gewissen und Vernunft werden die Orte des geistigen Geschehens und prägen allmählich auch die Ich-Wahrnehmung im Alltagshandeln, schon vorexerziert durch den Künstler als Persönlichkeit, bis hin zur Stilisierung als Genie, der erst jene neue Dialektik von Öffentlichkeit als Wirkungsraum und privater Existenz sichtbar macht. Die sich selbst spiegelnde Wahrnehmung des Ichs als Person, als Rechtssubjekt und moralische Urteilsinstanz und die Bildung einer Subjekt-Objekt-Relation ist die Voraussetzung reformatorischen Denkens, die ihrerseits durch die Reformation revolutioniert wird.

Die von der Reformation beförderte Alltagsethik geht vom in der Person radizierten Gewissen und dem unmittelbaren Rückgriff auf authentische Quellen von Glaubenswahrheit aus, bei Calvin nicht anders als bei Luther. Damit wird ein Prozess der Selbstverantwortlichmachung in Gang gesetzt, der es stärker ermöglicht, den Einzelnen als Herrn seines Schicksals zu sehen. Denn was für das Seelenheil und den Glauben gilt, dass gilt auch in Wirtschaft und Gesellschaft. Die reformatorische Alltagsmoral des gottgefälligen Lebens geht nicht in Frömmigkeit und Abwendung von der Welt auf. Auch wenn sich das Diesseits im Vergleich zur jenseitigen Heilserwartung im Sinne von Augustinus als sekundär und unvollkommen darstellt, wird diese Welt doch zum Entfaltungs- und Gestaltungsraum der Person.

Thema auf, aber er versäumt es, die religiösen Wurzeln und die Dialektik neuzeitlicher Genese und die Bestimmungsmacht des Naturrechts ideengeschichtlich offenzulegen, weil er (mit einem im Wissenschaftsgelände üblichen Blick) nicht über das 18. Jahrhundert zurückschaut.

[14] Auer, Der privatrechtliche Diskurs (wie Anm. 7), S. 16.

5. Neuzeitliche Verselbständigung
der religiösen Sphäre

Die reformatorische Ethik ist jedoch keine Zweitcodierung der
älteren oder der zeitlich parallel wirkenden Humanisten,[15] eher ein
reaktives Gegenprogramm mit allerdings erheblichen dialektisch
verwobenen Modernisierungswirkungen. Diese Modernisierungswirkungen erschließen sich, wenn man den Bedarf nach neuen,
mehr nach innen verlagerten Begrenzungen der immer deutlicher
aufbrechenden Individualisierung der Alltags- und Wirtschafts-
beziehungen betrachtet. Die neue personale Freiheit kann nur über
Selbstbegrenzungsmechanismen gesellschaftlich etabliert werden,
schon weil Hedonismus und ungezügelter Egoismus die Idee per-
sonaler Freiheit diskreditiert. Die Dialektik von Freiheitsgewinnen
durch Beschränkung ist das eigentliche neuzeitliche Grundprinzip
und es ist unmittelbar verbunden mit der funktionalen Ausdifferenzierung sozialer Interaktionsräume (Systeme). Die Reformation steht für die neuzeitliche Verselbständigung der Religion,[16]
und ihr Weg dahin ist die Rückbindung an die Schrift und die Ver-
persönlichung dieses Vorgangs, verbunden mit Zucht, sittlichem
Regiment und – auch das muss gesagt werden – mit Intoleranz.

---

[15] Zum Streit Luthers mit Erasmus vgl. Heinz Schilling, Martin Luther. Rebell in einer Zeit des Umbruchs, 3. Aufl., München 2014, S. 388 ff.

[16] Der Prozess der Ausdifferenzierung der Religion begann nicht erst
mit der Entstehung der Neuzeit, sondern er formierte sich in einem neuen
Gesellschaftsdesign erneut und anders in der Formtypik, als das in der
Antike bekannt war. Aber es wirken – und das lässt die europäische Ideen-
geschichte als Kontinuitätsraum plausibel werden – entsprechende Kräfte
in einem Prozess der Koevolution zusammen, so wie dies Niklas Luhmann
für die griechische Gesellschaft der Antike beschreibt: „Wichtige soziale
Erfindungen, vor allem die Erfindung der politisch kontrollierbaren Amts-
macht und die Erfindung des gemünzten Geldes sowie die Absonderung
einer dialogisch und literarisch geführten Wahrheitssuche, haben die griechische Gesellschaft der Antike auf ein Komplexitätsniveau gebracht, das
seitdem im institutionellen Gedächtnis der Gesellschaft aufgehoben und
bei allen Rückschlägen unvergessen geblieben ist." Niklas Luhmann, Die
Religion der Gesellschaft, Berlin 2000, S. 203.

Calvin geht wie Luther den Weg *sola scriptura*, allein durch die Schrift. Aber auch bei ihm finden sich die mittelalterlichen Spuren des Kirchenvaters Augustinus in seinem Verständnis der Erbsünde, die jeden Neuanfang überschattet.[17] Der Glaubende benötigt Erlösung durch Christus und erlangt Gnade als Geschenk. Daraus folgt gerade nicht der Heroismus und die Selbststilisierung des Renaissancehumanismus, sondern ein demütig-frommes Leben im Glauben, das durch Buße, Selbstverleugnung, Gebet, Betrachtung des zukünftigen Lebens gekennzeichnet ist. Das von Max Weber hervorgehobene Konzept der innerweltlichen Askese geht somit unmittelbar auf die Theologie der Reformation zurück, auch wenn Luther hier milder als Calvin erscheint. Die Ambivalenz von Befreiung und Unterdrückung wird bei Calvin deutlich, der vor der Verbannung und Tötung Andersgläubiger nicht zurückschreckt. Seine Genfer Zuchtordnungen sind die andere Seite der Medaille einer Bildungsbewegung, die durch den Alphabetisierungs- und Erkenntnisimpuls der Reformation ausgelöst wird und die wirtschaftlich Erfolgreichen auch zu Flüchtlingen machen.

6. Dynamik der Wirtschaft und christliche Ethik

Die Sozialethik neuzeitlicher Formen des Wirtschaftens entsteht vor dem Hintergrund des Verhältnisses einer sich von kirchlichen, ständischen und moralischen Bindungen schrittweise emanzipierenden politischen Herrschaft und frühkapitalistischer Wirtschaftsform. Auch in Deutschland wächst die frühmoderne geldwirtschaftliche und privatautonome Form der Wirtschaft – in Norddeutschland wirkt die schwächer werdende Hanse und in Süddeutschland das erstarkende Verlags- und Finanzwesen sowie der Fernhandel. Großunternehmer wie Jakob Fugger oder Bartholomäus Welser sahen sich in einer ständischen Ordnung nicht

---

[17] Zur negativen Anthropologie als Kohäsions- und Herrschaftstechnik vgl. Udo Di Fabio, Schwankender Westen, München 2015, S. 102 ff.

selten als „Pfeffersäcke" und Wucherer vom Publikum angegriffen und standen im frühen 16. Jahrhundert bereits unter öffentlicher Anklage, weil sie mit der Bildung von Monopolen und ihrer Preisgestaltung als Musterbeispiel einer zerstörerischen, unmoralischen neuen Entwicklung galten, die die „gerechte" Sozialordnung herausforderte. Dass der Kaiser seinen Geldgebern nahe stand und sie schützte, gehört mit zum modernen Ausdifferenzierungsprozess von territorialer Herrschaft und geldwirtschaftlich basierten Marktverhältnissen.[18] Luther jedenfalls war alles andere als ein Mann der neuen aufstrebenden Unternehmer, aber die blühenden Städte mit beginnender Alphabetisierung etwa der Handwerkerschaft waren für den Reformator ein günstiges Umfeld[19] und die neuen städtischen Kirchenordnungen waren ein Resonanzboden für bürgerliche Partizipation.

Die neuzeitlich hervortretende Wirtschaftsordnung selbst in ihren Grundpfeilern des Privateigentums und der Vertragsfreiheit wurden vielleicht von Thomas Müntzer attackiert, aber nicht von Luther, nicht von Calvin. Das Alte Testament macht bereits im Dekalog den Schutz des Privateigentums deutlich und das Neue Testament ist zwar reichtumskritisch, setzt aber private Handlungsmöglichkeiten gerade voraus, weil sich anders Nächstenliebe als freie Entscheidung und Glaubensbekundung gar nicht entfalten kann.[20] Anlass zur tätigen Nächstenliebe bot sich in einer Gesellschaft, in der bereits kleinere lokale Ernteausfälle zu schweren Hungersnöten und Teuerungen führen konnten und die Silberzufuhr aus Südamerika das Finanzsystem belastete, mehr als genug.[21]

---

[18] Heinz SCHILLING, Aufbruch und Krise. Deutschland 1517–1648, München 1988, S. 50 f.

[19] Ebd., S. 162 f.

[20] Traugott JÄHNICHEN, Wirtschaftsethik, in: Wolfgang Huber / Torsten Meireis / Hans-Richard Reuter (Hrsg.), Handbuch der evangelischen Ethik, München 2015, S. 331 (354 f.).

[21] SCHILLING, Martin Luther (wie Anm. 15), S. 506.

7. Zinsverbot und Kapitalismus

Ein Kristallisationspunkt wirtschaftspolitischen Denkens fand sich immer wieder im mittelalterlichen Zinsverbot des kanonischen Rechts, das den Wirtschaftsbedürfnissen des aufstrebenden oberitalienischen Handels- und Finanzkapitalismus ebenso entgegen stand, wie der Entfaltung des Verlagswesens, wenn es Kapital zu Investitionszwecken benötigte. Bereits Johannes Eck stand unter Korruptionsverdacht, weil er einen Zinssatz von fünf Prozent als theologisch gerechtfertigt ansah.[22] Luther war wirtschaftspolitisch kein Fundamentalist mit frühchristlichen Anleihen, sondern jemand, der die sich neu formierende Welt durchaus dem Grunde nach akzeptierte und innerhalb der bestehenden Strukturen zum Glauben führen wollte. In seinem Gutachten über die Grundlagen christlicher Geld-und Wirtschaftspolitik auf Anfrage des Danziger Rates im Jahr 1525 erklärte er allerdings Zinsen grundsätzlich und theologisch als „ganz unevangelisch".[23] Das aber gilt normativ nur als geistliches Gesetz, nach dem man nicht regieren könne, weswegen im weltlichen Regiment Zinsen pragmatisch möglich und sogar nötig seien, wenn sie sich nach der Billigkeit richten. Wer Geld verleihe, der verzichte auf Vorteile, weswegen ihm ein Ausgleich zustehe, der aber nicht beliebig hoch oder aus der Not des anderen erzwungen sein dürfe. Auch Luther gesteht wie Eck dem Danziger Rat eine Zinsrichtgröße von fünf Prozent zu,[24] die vermutlich in der gegenwärtigen Null-Zinspolitik unter Wucherverdacht stünde.

Die Finanzspekulation ist keineswegs eine neue Entwicklung des Casino-Kapitalismus im frühen 21. Jahrhundert, sondern wurde zur Zeit Luthers auch vom Adel ebenso beklagt wie betrieben. Dieser will seinen Anteil an der neu entstehenden Geldwirtschaft erlangen, so beispielsweise im Zurückhalten von Lebensmitteln

---

[22] Ebd., S. 507 f.
[23] Ebd., S. 508.
[24] Ebd., S. 509.

bei sich abzeichnenden Hungersnöten, was zur prächtigen Preis-
steigerung führt.[25] Hier verlangt der Reformator das Einschreiten
der weltlichen Gewalt, die Akzeptanz des Marktes hat Grenzen
und auch das Vertrauen in eine christliche Moral, die durch die
Sündhaftigkeit des Menschen nun einmal immer herausgefordert
werde. Noch wichtiger ist, dass Martin Luther nicht die sozialen
Institutionen umwälzen will, sondern innerhalb bestehender ver-
nünftiger sozialer Ordnungen den Christen als denjenigen sieht,
der seinem Gewissen nach dem Maß seines Standes und Amtes
folgen muss.[26]

8. Sakralisierung des Lebensalltags
und Pflichtethos des Berufs

Menschenbild und soziale Ordnung müssen kompatibel zueinan-
der sein. Das neuzeitliche Menschenbild geht vom personalen
Eigenwert, von der Urteilskraft und Willensfreiheit der Person
aus und benötigt als komplementäres Gegenstück Institutionen
und Funktionssysteme, die dieses Leitbild plausibel und fungibel
machen. Der Umbruch vor einem halben Jahrtausend fand seinen
kulturellen Ausgangspunkt seit dem Renaissancehumanismus im
Bild des Menschen, der sich bildet, seinen eigenen Zugang zur
Erkenntnis der Welt findet und einem Bildhauer gleich sich und
die Welt entwirft und gestaltet. Dieser Mensch ist nicht Teil einer
ihn vollständig beherrschenden, ihm seinen Platz zuweisenden
Ordnung, sondern er handelt schöpferisch innerhalb von Teil-
ordnungen wie Wirtschaft, Religion, Politik. Er nutzt die Institutionen, die nicht nur Rationalität speichern, sondern auch jene
strukturelle Kopplung hervorbringen von Handlungsorientierung,
Routinen und Erwartungsverschränkungen auf der Handlungs-
ebene von Akteuren und orientiert an den Operationsbedingun-

---

[25] Ebd., S. 511 f.
[26] Ebd., S. 513.

gen der großen Funktionssysteme. Der Einzelne als Rechtsperson muss zwar den funktionellen Bedingungen nach Maßgabe der Institutionen gehorchen, aber sie beherrschen ihn nicht unmittelbar durch enge soziale Einbindung, sondern erlauben prinzipiell eine selbstbestimmte Lebensführung: materielle Freiheit durch kluge Anpassung an die Formensprache selbstständig gemachter, aber dadurch auch wechselseitig begrenzter Ordnungssysteme wie Wirtschaft, Recht oder Politik.

Eine Gesellschaft kann nur auf das Prinzip individueller Freiheit umgestellt werden, wenn erhebliche Vorkehrungen getroffen sind, dass diese Freiheit nicht allein durch eine äußere Ordnung begrenzt ist, sondern durch die Fähigkeit zur Selbstdisziplin bereits im Individuum selbst auf gelingende soziale Interaktion hin programmiert ist. Die reformatorische Theologie und Pflichtethik sieht sich (wie gezeigt) nicht als Zweitkodierung des Renaissance-humanismus, aber sie übersetzt zentrale Weichenstellungen in eine religiöse Ethik. Das betrifft zum einen die Vorstellung, dass durch die Taufe jeder gleichsam in den geistlichen Stand berufen wird und damit in die ständisch organisierte Gesellschaft ein Gleichheitsmoment gebracht wird, dass sich nach und nach entfaltet. Wichtiger noch ist die Vorstellung, dass sich die geistliche Berufung in der privaten Lebensführung niederschlägt und nicht in der klösterlichen Abgeschiedenheit. Der Alltag wird auf diese Weise sakralisiert und der Beruf zum Gottesdienst.[27]

In den heutigen scheinbar reibungslos funktionierenden westlichen Volkswirtschaften scheint es ganz selbstverständlich, dass Menschen sich dem Takt ökonomischer, technischer und sozialer Prozesse geschmeidig anpassen, kompetent und leistungsbereit sind. Aber der Weg dorthin war ein steiniger, ein gewalttätiger, mit manchmal rüden Erziehungsmethoden, mit Drill und Zwang, unter der alltäglichen Drohung existenzieller Not. Die protestantische Ethik zur Zeit Martin Luthers atmet durchaus die harten Bedingungen der Zeit, aber die Sakralisierung des Alltags und das

---

[27] Jähnichen, Wirtschaftsethik (wie Anm. 20), S. 331 (387).

Ethos der Pflichtethik des Berufs weisen über krude Gewaltver-
hältnisse hinaus und lassen die Möglichkeit einer selbstregulativen
Zivilgesellschaft am Horizont entstehen.

9. Armut, Nächstenliebe und Sozialfürsorge

Auch der Umgang mit den Armen wandelt sich unter dem Einfluss
der neuen evangelischen Theologie. Die theologische Stoßrichtung
gegen den Ablasshandel fand sich gerade darin, dass man nicht
durch gute Werke zum Seelenheil gelangen konnte. Das galt auch
für das Verhältnis zu den Armen. Die mittelalterliche alte Kirche brauchte funktionell geradezu die Armen, um Nächstenliebe
unter Beweis stellen zu können und ein kirchliches System der
Armenpflege als gezeigte Gottesliebe zu institutionalisieren. Der
Protestantismus weist dagegen die Armenpflege prinzipiell der
weltlichen Obrigkeit zu.[28] Auch hier reagiert die Reformation auf
Entwicklungsbedingungen der frühen Neuzeit, die vom traditionellen System kirchlicher Armenpflege kaum noch aufgefangen
werden konnten, wenn man der Einschätzung folgt, dass durch die
geldwirtschaftliche Dynamik und die durch die Verselbstständi-
gung der Marktwirtschaft stärker auftretenden Konjunkturzyklen
sechzig bis achtzig Prozent der Bevölkerung in regelmäßigen Ab-
ständen vom Absinken in die Armut bedroht waren.[29] Die neue
strukturelle Kopplung protestantischer Religionsgemeinschaften
einerseits und fürstlicher und städtischer Territorialherrschaft
andererseits greift hier, in den Vorformen des kommenden Mer-
kantilismus und des noch späteren Wohlfahrtsstaates, ein weiteres
Mal geschmeidig ineinander.

---

[28] Luise SCHORN-SCHÜTTE, Geschichte Europas in der Frühen Neuzeit.
Studienhandbuch 1500–1789, 2. Aufl., Stuttgart 2013, S. 90.

[29] Wobei in den wirtschaftlich bereits stärker ausdifferenzierten Ländern
wie England und den Niederlanden das Armutsrisiko offenbar geringer
ausfiel, so: SCHORN-SCHÜTTE, Geschichte Europas (wie Anm. 28), S. 91.

10. Luthers Reformation:
keine sozialrevolutionäre Tat, sondern Impuls
für die Evolution der modernen Gesellschaft

Luther wollte bei all dem keine neue Gesellschaftsordnung ent-
werfen, sondern aus unverfälschten Quellen den wahren Glauben
wieder frei legen. Der erklärte und durch die angestoßene Entwicklung getriebene Reformator wurde aber, manchmal gewiss
wider Willen, zum Exponenten der neuen Zeit. Denn mit seiner
Theologie des unmittelbar zugänglichen evangelikalen Ursprungs
wird nicht nur an den spätantiken Kirchenvater Augustinus wieder
angeschlossen, sondern auch eine typisch moderne Trennung von
Funktionen gefördert, auf die Luther wiederum nur reagiert. Die
Religion sollte aus der engen Gemengelage einer weithin als kor-
rupt empfundenen Papstkirche mit ihrer politischen Herrschafts-
attitüde und ihrer gewichtigen Verflechtung mit der Wirtschaft
(Kirche als Grundherrschaft / Ablasshandel) gelöst und als Glau-
bensereignis und Wahrheitsweg in die Hand eines jeden einzelnen
Gläubigen gelegt werden.

Dahinter erscheint das Organisationsmodell der modernen
Gesellschaft, das Luther enorm gefördert hat, dessen Produkt er
aber auch bereits war. Denn wäre dieses allmählich in die alte
Ordnung einsickernde Modell der Individualisierung, Kommerzialisierung und des wachsenden Selbstbewusstseins politischer
Fürstenherrschaft zuvor nicht stärker auf den Plan getreten, so
hätte Luther vermutlich ein ähnliches Schicksal gedroht wie Jan
Hus, der 1415 in Konstanz auf dem Scheiterhaufen endete. Dieser
hatte in der Sache ganz ähnliche Beweggründe wie Luther und
eine ähnliche theologische und wirtschaftsethische Vorstellung
von der Billigkeit, der Gerechtigkeit und der notwendigen Ordnung. Diese Ordnung der Alltagswelt im Priesteramt, der Ehe und
der weltlichen Obrigkeit ist komplementär zum Lebensalltag und
normiert ihn – trotz allem erklärten Pragmatismus. Nicht die ent-
rückten, abgeschlossenen Orden, Stifte oder Chorgemeinschaften

sollen Zentrum des christlichen Lebenswandels sein, sondern das
Privatleben, in Familie, Kirchgemeinschaft und Beruf.[30]

Natürlich nimmt Luther die ständische Wirklichkeit in einem
Berufsverständnis auf, das Pflicht zur ordentlichen Dienstverrich-
tung in jeder Berufung sieht, auch in der Rolle des Knechtes. Das
ist noch nicht die Abstrahierung der Pflichtethik wie im Leistungs-
gedanken Calvins, aber es lässt eine allmähliche Individualisierung
der noch ständischen Gesellschaft zu und bereitet den Boden für
weitere Schritte. Das in Deutschland später ein Konzept der sozialen Marktwirtschaft und des Ordoliberalismus gedeihen konnte
und im 19. und 20. Jahrhundert prägend wurde, hängt mit dieser
Weichenstellung (wenngleich nicht monokausal) zusammen. Es
wäre gewiss etwas kühn, Martin Luther zum Urvater der sozialen
Marktwirtschaft zu erklären, aber die Vorstellung einer marktwirt-
schaftlichen Ordnung mit ihren unbestrittenen Grundelementen
des Privateigentums und der Vertragsfreiheit, welche sozial in eine
stabile und anerkannte Ordnung eingebettet ist, lässt sich doch ablesen.[31] Die deutsche Affinität für den Korporatismus, die Neigung
zum Konsens und zur Begrenzung der Dynamik reiner selbst-
bezüglicher Steigerungsprozesse, lässt sich jedenfalls im Zeitalter der Reformation bereits erkennen. Das weltliche Regiment
ist eine soziale Ordnung, die streng sein mag, die eine Betonung
der Pflichterfüllung enthält, aber doch ihrerseits Raum lässt für
die Gewissensentscheidung des Christenmenschen, nach der sie
zugleich ruft, um nicht ihren Halt und ihre Proportionen zu verlieren. So wird Glauben und Gewissen im reformatorischen Sinne
eine Selbstbegrenzung des modern werdenden Menschen, der sich
als eigenverantwortlichen Akteur, als Rechtssubjekt und Hand-
lungs- und Entscheidungsinstanz zu begreifen beginnt.

---

[30] SCHILLING, Martin Luther (wie Anm. 15), S. 516.

[31] Konsequent in diese Richtung gehend siehe JÄHNICHEN, Wirtschaftsethik (wie Anm. 20), S. 331 (352 f.); siehe dort auch zur sozialen Marktwirtschaft S. 364 ff.

11. Rationalisierung von Lebenswelten

Der Protestantismus kann in seiner Leidenschaft des Glaubens nicht ohne weiteres und bruchlos als Teil der Rationalisierung Europas verstanden werden, aber die Reformation selbst kann ihrerseits ohne diesen langen Prozess der Rationalisierung und seine ambivalente Beziehung zum religiösen Glauben nicht angemessen verstanden werden. Dabei haben alle später neuzeitlich ausdifferenzierten Funktionssysteme ihre eigenen Rationalisierungsbeiträge erbracht, auch die mittelalterliche Theologie etwa eines Thomas von Aquin. Franz Wieacker sah das Recht in der Theorie der Glossatoren und der Konsiliatoren als Teil jener erheblichen Macht, die rationaler Geist und methodisches Bewusstsein für das öffentliche Leben Europas hatten. Dabei hat er vor allem die formale Technik der logischen Analyse der Sachverhalte und den davon nicht zu trennenden Argumentations- und Diskussionsstil hervorgehoben, der die Behandlung öffentlicher Angelegenheiten allmählich versachlichte und die irrationalen Emotionen und materiellen Interessen ein gutes Stück zurückdrängte.[32] Diese Entwicklung hatte lange vor der Reformation begonnen und sie hatte in den Regionen Europas auch unterschiedliche Prägekraft.[33] Sie ist aber jedenfalls eine der Voraussetzungen für die Idee einer dezentralisierten, methodischen Auslegung der Schrift, die juristisch vorexerziert war und die sich nun über die Bibellektüre und Bestrebungen zur Alphabetisierung verbreiten und so ganz neue Voraussetzungen für die Mobilisierung von elementar gebildeten Arbeitskräften der frühneuzeitlichen Marktwirtschaft bereitstellen sollte.

---

[32] Franz WIEACKER, Privatrechtsgeschichte der Neuzeit, München 2016 (Erstveröffentlichung 1952), S. 93 f.

[33] Siehe zur unterschiedlichen Wirkungsmacht der humanistischen Jurisprudenz: Friedrich EBEL / Georg THIELMANN, Rechtsgeschichte. Von der Römischen Antike bis zur Neuzeit, 3. Aufl., Heidelberg 2003, S. 189 f.

12. Autonomie der Wirtschaft

Die Autonomie der Wirtschaft ist eine der Gelingensvoraussetzungen im Konzert des modernen Gesellschaftsarrangements. Die Behauptung, von Privateigentum, Privatautonomie und Markt gehe eine strukturelle Gefahr für die individuelle Freiheit aus, ist altbekannt, aber nur für pathologische Entwicklungsstörungen belegbar. Solche Störungen und Defizite können inhärente Gründe im Wirtschaftssystem haben wie Monopolbildung, Wettbewerbsverzerrungen, intransparente Wertschöpfungsbedingungen oder konjunkturelle Krisen. Pathologien der Marktwirtschaft müssen aber keineswegs allein vom Wirtschaftssystem ausgehen. Sie können auch in Fehlentwicklungen anderer Funktionssysteme liegen, im Funktionsverlust von Institutionen oder in Unzulänglichkeiten des soziokulturellen Umfeldes der Wirtschaft. Die Marktwirtschaft, als eine der großen Institutionen neuzeitlicher Gesellschaftsorganisation, kann auch dann Schaden nehmen, wenn eine Kultur ethische Gewissheiten für die persönliche Handlungsorientierung verliert, wie dies bei der Weltfinanzkrise 2008 eine nicht unerhebliche Rolle spielte. Das Prinzip der funktional ausdifferenzierten Wirtschaft (also die „Freiheit" der Wirtschaft gegründet auf Privateigentum und Privatautonomie) ist nur dann gefährlich, wenn der Ordnungszusammenhang nicht stimmt, wenn die komplementären Leistungen der anderen Funktionssysteme und der sozialkulturellen wie sozialpsychologischen Voraussetzungen in der Persönlichkeit und den Bildungs- und Erziehungseinrichtungen defizitär sind oder fehlen.

Dort, wo kein wirksamer Rechtsstaat existiert oder es an zureichender Bildung, an der psychosozialen Möglichkeit zur Selbstdisziplin fehlt, wo rücksichtsloser Hedonismus oder Korruption als alltägliche soziale Verhaltensmuster herrschen, wird es über kurz oder lang auch keine freiheitsgerechte Marktwirtschaft geben. Nach aller Erfahrung werden sich stattdessen paternalistisch auftretende, repressive Oligarchien bilden. Allerdings gelten solche systematischen Zusammenhänge auch in anderen Verlaufsrichtungen: Eine rechtsstaatliche Demokratie wird auf Dauer nicht bestehen, wenn wesentliche Wirtschaftsleistungen nicht mehr privatautonom, sondern durch Akteure politischer Herrschaft erbracht und verteilt werden. Die Entwicklung Venezuelas seit dem Chavez-Populismus zeigt, dass die politische Deformation des Marktes sowohl den Rechtsstaat als auch die Demokratie gefährden oder zerstören kann und eine neue Klasse der oligarchischen Korruption im staatlichen Gewaltapparat entstehen lässt.[34]

13. Die Religion zwischen Wirtschaft und Staat

Marktwirtschaft, Privatrechtssystem, personale Rechtssubjektivität und die Autonomie von Religion, Kunst und Wissenschaft: Das alles braucht ein komplementär institutionalisiertes System politischer Herrschaft, das aufgrund desselben funktionalen Organisationsprinzips ebenfalls autonom ist. Der neuzeitliche Staat monopolisiert Gewalt und verbannt sie damit aus seiner Umwelt, damit Freiheit durch Rechtsfrieden überhaupt erst möglich wird. Für die Religion wird die Beziehung zum Staat, die in Wirklichkeit multidimensional ist, zweiwertig abgebildet. Die augustinische „Zwei-Reiche-Lehre" (mit der Unterscheidung von *civitas terrena* und *civitas Dei*), wurde von Luther wirkmächtig wiederbelebt. Er befördert so auch durch seine Auflehnung gegen die beanspruchte Zentralität Roms und sein evangelisches Wirken die Unterscheidung von Politik und Religion als eigenständige Sphären – un-

---

[34] Wobei die westlich vorherrschende Ursachenanalyse zumeist sehr schonend über die politischen Fehlentwicklungen urteilt und viel Aufmerksamkeit auf sinkende Ölpreise und amerikanische Handelspolitik legt, aber vergleichsweise wenig Raum den marktzerstörerischen Entscheidungen des Chavismus widmet. Siehe etwa World Politics Review, Chavismo After Chavez: Venezuela in the Maduro Era (World Politics Review Special Reports), New York 2015. Eine deutlich andere Sicht findet sich bei Emili J. Blasco, Bumerán Chávez: Los fraudes que llevaron al colapso de Venezuela, Washington D.C / Madrid 2015.

geachtet der späteren Tatsache eines landesherrlichen Kirchen-
regiments evangelischer Fürsten, das eigentlich erst 1918 endet.

Die neue evangelische Religion und der neue selbstbewusste
Territorialstaat: Sie sind gerade nicht unverbunden, aber eben
doch in wesentlicher Hinsicht funktionell getrennt. Diese Trennung ist grundlegend für ein westliches Gesellschaftsmodell, das
heute weltweit ungebrochen Menschen fasziniert, aber andere
auch zur Rebellion bringt, die nach einer religiös und politisch
zugleich verbürgten Einheit streben, die das westliche Denken
letztlich als totalitär begreifen muss.

14. Perspektive

Dass, was heute an Luthers Alltagsmoral beinah kleinbürgerlich
oder spießig wirken mag, war in Wirklichkeit prägend für eine
Berufs-und Pflichtethik, die eine wesentliche Grundlage für den
Erfolg und die Funktionsfähigkeit sozialer Ordnungsbildung wie
die ausdifferenzierte Marktwirtschaft ist. Was geschieht, wenn
solche Selbstbegrenzungen individueller Alltagsmoral und der
kommunikativen Rückbindung in einer gemeinschaftlich geteilten
Lebenswelt ausfallen, hat die Weltfinanzkrise dem Westen ein-
dringlich vorgeführt. Inzwischen mehren sich die Zeichen für eine
Überindividualisierung und Überfunktionalisierung entscheiden-
der gesellschaftlicher Sphären, die die strukturellen Kupplungen
zwischen Funktionssystemen und den handelnden Menschen ver-
kennen oder leerlaufen lassen. Wenn man nach einem alles überspannenden Krisensymptom des westlichen Gesellschaftsmodells
sucht, so stößt man auf die fortschreitende Entgrenzung. Um Leistungen in allen Funktionssystemen zu steigern, werden die sinnvollen Grenzen, die auch religiöse Alltagspraxis, weltanschauliche
Erklärung, Gewissen und Glauben ziehen, als antiquiert angesehen. Im institutionellen Geflecht der modernen Gesellschaft
werden fortlaufend die Grenzen durchdachter Institutionen über-
schritten, um Mobilitäts- und Wachstumsgewinne zu erreichen,

letztlich um eine aus den Fugen geratende Gesellschaft durch Geschwindigkeit zu stabilisieren. Denken wir an die Rolle der staatlichen Gesetzgebung, die durch übermäßige Verschuldung, durch Lockerung der Regeln für die Finanzwirtschaft, durch Ausdehnung des geldpolitischen Mandats der Notenbanken, durch mangelnde Rücksichtnahme auf kulturelle Mobilitätsbarrieren und auf die Notwendigkeiten begreifbarer Ordnungen oder durch den Übergang von der sozialen zu einer gelenkten Marktwirtschaft oder durch die funktionalistische Konstruktion der Europäischen Union oder transatlantischer Wirtschaftsgemeinschaften immer wieder bestehende Grenzen verdünnt. Beweglichkeit und Offenheit werden nicht allein als sittliche Perspektive den Weltbürgern abverlangt, sondern immer wieder sozialtechnisch praktiziert, manchmal ohne Rücksicht auf den langsameren Takt von Lebensalltag und traditionellen Einstellungen.

Es spricht inzwischen einiges dafür, dass die populistische Rebellion von links und rechts irgendwann die Entgrenzung auf eine fatale Art zum Thema macht und die Schließung physischer Grenzen betreibt, das Pendel der globalisierten Marktwirtschaft heftig zurückschlagen lässt. Möglich sind auch der Verlust institutionellen Wissens und die Deformation des voraussetzungsreichen Arrangements der Funktionssysteme untereinander und ihr Verhältnis zu persönlichen Einstellungen, Kompetenzen und Wertorientierungen. Wer solche Regressionen, Entkopplungen und Deformationen verhindern will, tut gut daran, den Zusammenhang von wirtschaftlicher und politischer Ordnung auf der einen Seite und die Werteordnung der Menschen- und Grundrechte mit der gleichberechtigten freien Entfaltung der Persönlichkeit auf der anderen Seite unter Gewährleistung der Glaubens- und Gewissensfreiheit neu zu betonen und zu tarieren. Das Jahr 2017 gibt uns nach einem halben Jahrtausend die Chance, zu bilanzieren und zu rekonstruieren. Die Position Luthers zwischen theologischer Normativität und pragmatischer Stabilität ist kein schlechter Kompass. Es gilt, die Linien zwischen Lebensalltag und der Logik wirtschaftlicher Interaktion neu einzuzeichnen in eine sich technisch weiter umwälzende Gesellschaftsordnung, die aber im institutionellen Fundament häufig allzu sorglos ist und deshalb womöglich zuerst spirituell und dann auch im Rationalitätsniveau zurückfallen wird.

Verzeichnis der Autoren

Udo Di Fabio (geb. 1954), Professor am Institut für Öffentliches Recht an der Friedrich-Wilhelms-Universität Bonn, von 1999 bis 2011 Richter am Bundesverfassungsgericht, von 2014 bis 2017 Vorsitzender des Wissenschaftlichen Beirats ‚Reformationsjubiläum 2017‘.

Werner Plumpe (geb. 1954), Professor für Wirtschafts- und Sozialgeschichte an der Goethe-Universität Frankfurt am Main, Vorsitzender des Wissenschaftlichen Beirats der Gesellschaft für Unternehmensgeschichte (GUG).

Wolfgang Huber (geb. 1942), Evangelischer Theologe, von 1994 bis 2009 Bischof der Evangelischen Kirche Berlin–Brandenburg–schlesische Oberlausitz, von 2003 bis 2009 Ratsvorsitzender der Evangelischen Kirche in Deutschland.

Reinhard Kardinal Marx (geb. 1953), Kardinal der römisch-katholischen Kirche, Erzbischof von München und Freising, seit 2012 Präsident der Kommission der Bischofskonferenzen der Europäischen Gemeinschaft, seit 2014 Vorsitzender der Deutschen Bischofskonferenz.

Namensregister